ALMANACCO DEL CALCIO DILETTANTISTICO ABRUZZESE
stagione 2022/2023
PROMOZIONE GIRONE A

a cura di STEFANO DE CRISTOFARO

D1732052

L'EDITORIALE

L'edizione 2022/2023 dell'Almanacco si fa in otto!

Quello che avete tra le mani, infatti, è solo uno degli otto distinti volumi che racchiudono l'attività agonistica della stagione appena conclusa. Non tutta però, avendo deciso di restringere il campo ai principali campionati dilettantistici della regione gestiti dal comitato della LND Abruzzo: quelli di Eccellenza, Promozione e Prima categoria.

Una scelta dolorosa ma ponderata, essendo essa figlia di una precisa esigenza: quella di documentare al meglio, e nei minimi dettagli, l'andamento dei campionati oggetti dell'Almanacco. I soli dai quali fosse possibile avere un report dettagliato dell'intera attività, di squadra e individuale. Ecco perchè, pur essendosi nei fatti ristretto il campo d'interesse, ci si ritrova dai due volumi dell'edizione precedente agli attuali otto.

Paradossale? Solo in apparenza, essendo il tutto legato alla già citata volontà di analizzare ai raggi x il comportamento delle tre componenti principali (squadre, calciatori e arbitri) per poi dedicare a ciascun raggruppamento un apposito volume: dal girone unico dell'Eccellenza ai tre riguardanti la Promozione, passando per i quattro inerenti la Prima categoria.

Su queste pagine troverete dunque tutti i tabellini delle gare ufficiali disputate in stagione: regular season, play off, play out, Coppa Italia (nel caso di Eccellenza e Promozione) e Coppa Abruzzo (in Prima categoria).

Presente inoltre una dettagliata scheda personale di tutti i calciatori e degli allenatori, in aggiunta a un'altrettanto corposa sezione specificamente riservata ai direttori di gara e, limitatamente ai volumi relativi ai campionati di Eccellenza e Promozione, agli assistenti arbitrali.

Un lavoro certosino, impreziosito da un particolare importante: tutti i dati qui sopra riportati (eccezion fatta per i marcatori) sono stati ricavati da documenti ufficiali (e dunque insindacabili), complice la fattiva e puntuale collaborazione di alcuni organi preposti. Nello specifico, di *Fabio Lattanzio* (LND Abruzzo), *Giuseppe De Santis* e *Alfredo Leonetti* (AIA Abruzzo), ai quali va il mio doveroso grazie, esteso ovviamente anche al presidente della LND Abruzzo *Concezio Memmo*, per aver patrocinato l'opera.

Gli ultimi ringraziamenti sono infine rivolti a quanti, con il loro contributo, hanno reso possibile l'altra grande novità di quest'anno: la presenza di un corposo numero di foto (di squadre, azioni di gioco e individuali), impossibile senza l'apporto dei club (dalle cui pagine social proviene la gran parte del materiale) e dell'amico e collega *Antonio Calabrese*, che ha avuto la bontà di mettere a disposizione lo sterminato archivio in dotazione al suo sito d'informazione, Abruzzo Web TV.

Stefano De Cristofaro

IL SALUTO DEL PRESIDENTE

Una stagione densa di emozioni, sacrifici e divertimento si è appena conclusa.

La LND Abruzzo ha vissuto dodici mesi di grande attività, impegnata su tantissimi fronti per accompagnare e supportare le nostre società nelle loro attività e nella loro crescita: sportiva, organizzativa e culturale.

Lo scopo di questo impegno è quello di innalzare la qualità delle nostre attività per valorizzare al meglio ciò che i sodalizi abruzzesi fanno, in campo e fuori dal campo, perché la mission del Comitato è incentrata sugli aspetti prettamente sportivi, ma guarda con attenzione al ruolo sociale, comunitario, educativo ed istituzionale che il nostro movimento gioca ogni giorno e in ogni realtà.

Dalle più piccole alle più grandi, in nome del sistema di valori che unisce la grande famiglia della Lega Nazionale Dilettanti.

L'Almanacco del nostro *Stefano De Cristofaro* rappresenta un compendio molto utile dell'attività svolta, e riporta in numeri e dati analitici tutta la complessità del movimento.

Uno strumento prezioso, sia per gli addetti ai lavori che per gli appassionati, organizzato quest'anno in otto volumi, ricchi di approfondimenti e specificamente dedicati allle principali categorie agonistiche.

Con lo sguardo già proteso alla stagione che verrà, invito dunque tutti a rivivere l'annata passata sfogliando le pagine di questa pubblicazione, specchio fedele di quanto accaduto in campo e giusta valorizzazione dell'attività delle nostre migliaia di atleti ed atlete tesserati, dei tecnici, dei dirigenti e della classe arbitrale.

Concezio Memmo

F.I.G.C. – COMITATO REGIONALE ABRUZZO

sede: via Lanciano snc – 67100 L'AQUILA
tel. 0862/42681   **e-mail** – segreteria.abruzzo@figc.it
fax 0862/65177   **PEC** – lndabruzzo@pec.it

CONSIGLIO DIRETTIVO

presidente	Concezio Memmo
vice presidente vicario	Alessandro Di Berardino
vice presidente	Walter Pili
consiglieri	Fabrizio Acciavatti, Mauro Bassi, Levantino Cianfarano, Gianfranco Di Carlo, Giovanni Sorgi
resp. regionale calcio a 5	Salvatore Vittorio
resp. regionale calcio femminile	Laura Tinari
resp. regionale beach soccer	Flavia Antonacci
resp. regionale paralimpico	Milena Pesolillo
consulente del presidente	Panfilo Doria
consulente del presidente	Franco Pettinari

ATTIVITÀ GIOVANILE L.N.D.

organizzazione	Sandro Lupi

RAPPRESENTATIVE REGIONALI

coordinatore	Antonio Marini
capo delegazione calcio a undici	Mauro Bassi
commissario tecnico regionale	Giuseppe Giovannelli
segretario calcio a undici	Sergio Di Prinzio
capo delegazione calcio a cinque	Alessandro Di Berardino
resp. tecnico calcio a cinque	Davide Giffi
segretario calcio a cinque	Gabriele Sottanelli
addetto stampa	Fabio Lattanzio

STAFF CALCIO A UNDICI – JUNIORES UNDER 19

dirigente responsabile	Loreto Flamini
selezionatore	Ugo Dragone
collaboratore tecnico	Guido Da Fermo
preparatore dei portieri	Mario Marrone
collaboratore logistica	Nino Di Bernardo
medico	Giulio Del Gusto
fisioterapista	Alfredo Scalingi

STAFF CALCIO A UNDICI – FEMMINILE

responsabile regionale	Laura Tinari
dirigente responsabile	Irene La Fratta
dirigente accompagnatrice	Federica Fulvi
selezionatore	Rocco Majo
preparatore dei portieri	Luca Di Toro
collaboratore logistica	Maurizio Marconetti
medico	Massimo Nicolai
fisioterapista	Ulania Perilli

STAFF CALCIO A UNDICI – ALLIEVI UNDER 17

dirigente responsabile	Antonio Petrucci
selezionatore	Emidio Sabatelli
collaboratore tecnico	Francesco Marchetti
preparatore dei portieri	Fabrizio Di Giuseppe
collaboratore logistica	Gianni Cinquina
medico	Ciro Chiarello
fisioterapista	Vincenzo Leonzi

STAFF CALCIO A UNDICI – GIOVANISSIMI UNDER 15

dirigente responsabile	Luigi Di Liborio
selezionatore	Pasquale Villa
collaboratore tecnico	Nico Lucente
preparatore dei portieri	Fabrizio Di Giuseppe
collaboratore logistica	Gianni Cinquina
medico	Pino Ciancaglini
fisioterapista	Fausto Di Battista

STAFF CALCIO A CINQUE – JUNIORES UNDER 19

dirigente responsabile	Piero D'Orazio
selezionatore	Gianluca Rocchigiani
collaboratore tecnico	Marco Pizzoli
addetto logistica	Bruno Pompei
medico	Giuseppe Bruni
massiofisioterapista	Marco Carrozza

STAFF CALCIO A CINQUE – FEMMINILE

dirigente responsabile	Giovanni Troilo
dirigente accompagnatrice	Adriana Di Nisio
selezionatore	Davide Civitarese
collaboratore tecnico	Mariavittoria Fiore
addetto logistica	Bruno Pompei
medico	Pedro Raschiatore
massiofisioterapista	Sara Lelli

STAFF CALCIO A CINQUE – ALLIEVI UNDER 17

dirigente responsabile	Domenico Pelusi
selezionatore	Roberto Stanchi
collaboratore tecnico	Marco Pizzoli
addetto logistica	Bruno Pompei
medico	Vito Guglielmi
massiofisioterapista	Marco Carrozza

STAFF CALCIO A CINQUE – GIOVANISSIMI UNDER 15

dirigente responsabile	Gabriele Sottanelli
selezionatore	Daniele Di Vittorio
collaboratore tecnico	Luca Cornacchia
addetto logistica	Bruno Pompei
medico	Pedro Raschiatore
massiofisioterapista	Sara Lelli

UFFICI

segretario	Maria Laura Tuzi
comitato regionale	Fabio Lattanzio (comunicazione), Amedeo Pettinari (tesseramento), Patrizia Santovito (attività agonistica)
delegazioni	Angelo Pasqua (delegazione L'Aquila), Manuel Giuliani (delegazione Teramo), Federico Morretti (delegazione Pescara), Ivan Geniola (delegazione Vasto), Marco Grassano (delegazione Chieti/Lanciano)

COLLEGIO REVISORI DEI CONTI

presidente	Giovanni Mattucci
componenti effettivi	Lucio Mercogliano, Fabio Caravaggio,
componente supplente	Alessandro Cianfrone

ORGANIZZAZIONE LOGISTICA

responsabile	Nino Di Bernardo
collaboratori	Gianni Cinquina, Maurizio Marconetti

IMPIANTI SPORTIVI

fiduciario regionale	Levantino Cianfarano
vice fiduciari regionali	Italo Bomba, Gino Riziero Caniglia, Claudio Di Pietro

STAFF MEDICO

fiduciario regionale	Massimo Nicolai
vice fiduciario regionale	Pedro Raschiatore

GIUSTIZIA SPORTIVA COMITATO REGIONALE

giudice sportivo	Roberto Ragone
sostituti	Francesco Alfonsi, Filippo Chendi, Daniele Di Pasquale, Patrizio Pupatti

GIUSTIZIA SPORTIVA DELEGAZIONE L'AQUILA

giudice sportivo	Alessandro Rosa
sostituto	Pierluigi Iannarelli

GIUSTIZIA SPORTIVA DELEGAZIONE CHIETI

giudice sportivo	Marco Bevilacqua
sostituti	Pierluigi Pennetta (delegazione Chieti), Vittorio Orlando (delegazione Lanciano)

GIUSTIZIA SPORTIVA DELEGAZIONE PESCARA

giudice sportivo	Alan Del Rossi
sostituti	Danilo Di Ridolfo, Dasy D'Alessandro

GIUSTIZIA SPORTIVA DELEGAZIONE TERAMO

giudice sportivo	Silvia Varelli
sostituto	Massimo Tiberio

GIUSTIZIA SPORTIVA DELEGAZIONE AVEZZANO

giudice sportivo	Nello Simonelli
sostituto	Matteo Chicarella

GIUSTIZIA SPORTIVA DELEGAZIONE VASTO

giudice sportivo	Carmine Di Risio

CORTE SPORTIVA di APPELLO TERRITORIALE

presidente	Antonello Carbonara
componenti	Aldo Ambrogi, Andrea Battistella, Massimiliano Di Scipio, Viola Storni, Pierluigi Marianella, Andrea Marino

DELEGATI ASSEMBLEARI

componenti effettivi	Alessandro Ciampa, Antonio Marini, Simone Tofano
componenti supplenti	Giampiero Attili, Antonio Rotunno, Anna Rita Valente

CONSULTA REGIONALE

componenti	Mario Corneli, Alessandro Italiani, Giuseppe Menna

REGULAR SEASON

1ª GIORNATA – domenica 18 settembre 2022

Amiternina-San Gregorio	**2-3**
Celano-Luco Calcio	**2-1**
Fucense Trasacco-San Benedetto Venere	**1-1**
Hatria-Pucetta	**0-4**
Pizzoli-Tornimparte 2002	**4-2**
Scafapassocordone-Montorio 88	**1-2**
Tagliacozzo-Real C. Guardia Vomano	**1-3**

Amiternina-San Gregorio: 2-3

Amiternina: Cordoba Perez, Gentile (11'st Galeota), Lepidi (45'st Berilli), Linares Robles, Traoré Traoré, Herrera Afonso, Vasi (1'st Fischione), Sebastiani (33'st Del Pinto), Espada Goya, Alfonsi (3'pt Carrozzi), Ludovici. **All.** Di Felice. **San Gregorio:** Di Fabio, Di Francesco, M. Di Alessandro, D. Di Alessandro, Ricci, Galassi (30'st Rampini), Magistro (25'st Flaiano), Nanni, I. Anaya Ruiz, Mazzaferro (44'st Bravoco), Napoleon (1'st Marchetti). **All.** Rotili. **Arbitro:** Stanislav Ungureanu di Lanciano. **Assistenti:** Filippo Cerasi e Francesco Di Marte di Teramo. **Reti:** *14'pt Espada Goya (A), 28'pt e 29'pt I. Anaya Ruiz (S), 12'st Fischione (A), 23'st su rigore Mazzaferro (S).* **Note:** ammoniti Gentile (A), Napoleon (S), Lepidi (A), D. Di Alessandro (S), Di Francesco (S), Nanni (S).

Celano-Luco Calcio: 2-1

Celano: Santoro, Scolari, Mione, D'Agostini, Tabacco (17'st Villa), Di Fabio, Di Gaetano (37'st Albertazzi), Paneccasio, Libonatti (17'st Palombizio), Kras, M. D'Amore (25'st G. D'Amore). **All.** Celli. **Luco Calcio:** Dell'Unto, W. Venditti, Paolini (31'pt Amanzi), Esposito, Fedele, W. Angelucci, Battista (22'st Villa), Cinquegrana, Secondo, Pergolini, Cherubini (29'st Shala). **All.** Fidanza. **Arbitro:** Niko Pellegrino di Teramo. **Assistenti:** Federica Presutti e Flaminia Di Gregorio di Sulmona. **Reti:** *17'pt Kras (C), 38'pt su rigore Libonatti (C), 5'st Amanzi (L).* **Note:** ammoniti Cherubini (L), W. Venditti (L), Paneccasio (C).

Fucense Trasacco-San Benedetto Venere: 1-1

Fucense Trasacco: Leone, Grande (26'st Di Prisco), Fellini (30'st Kone), D'Alessio (8'st Capaldi), D'Amico, Idrofano, Commesso (30'st Abagnale), Santucci, Curri, Angelini, Cancelli. **All.** Gallese. **San Benedetto Venere:** Bassi, Cipriani, Di Vittorio, Liberati, Zarini, Severini (42'st Di Pippo), Ettorre, Gramegna, Mancini (31'st Di Pietro), Catalli, G. Cordischi (13'st Del Vecchio). **All.** B. Di Genova. **Arbitro:** Marco Amatangelo di Sulmona.

Assistenti: Simone Massariello e Lorenzo Di Censi di Sulmona. **Reti:** *2'pt Mancini (S), 34'pt Curri (F).* **Note:** ammoniti Angelini (F), Liberati (S), Di Prisco (F), Zarini (S), Santucci (F), Cipriani (S), Catalli (S).

Hatria-Pucetta: 0-4
Hatria: D'Andrea, Pavone, Manco, Ceccani, Tancini De Almeida, Marotta, Quadrini, Medeiros (1'st Di Niso), Carpegna (1'st Novello), Della Sciucca, Zippilli (1'st Pereyro). **All.** Reitano. **Pucetta:** Brassetti, Capodacqua, Federici, M. Tuzi, Castellani, A. Tuzi, Carosone, Mattei, Marianella (25'st Pascucci), Theodoro De Almeida (43'st A. Graziani), D. Ranalletta (25'st Paris). **All.** Giannini. **Arbitro:** Lorenzo Giuliani di Pescara. **Assistenti:** Alessio Aloisi dell'Aquila e Gjuliano Dodani di Avezzano. **Reti:** *6'pt Carosone, 42'pt Marianella, 45'pt D. Ranalletta, 42'st Theodoro De Almeida.* **Note:** ammoniti Marianella (P), Pereyro (H), Mattei (P), Marotta (H), Brassetti (P), Capodacqua (P), Federici (P), Paris (P).

Pizzoli-Tornimparte 2002: 4-2
Pizzoli: Muscato, Marini (16'st Mazza), Ponzi, M. Montorselli (5'st Annunziata), Albani, Tinari, Patrizi, Passacantando, Piri (5'st S. Montorselli), V. Di Lillo, D'Agostino. **All.** Napoli. **Tornimparte 2002:** Loporcaro, Rovo, Parisi, Di Marzio, Andreassi, Di Battista, Lorenzo Sanderra, Cicchetti, Coletti (32'pt L. Paiola), M. Miocchi (35'st Civic), M. Paiola. **All.** Luca Sanderra. **Arbitro:** Saverio Di Vito di Avezzano. **Assistenti:** Jacopo Salera e Giovanni Morgante di Avezzano. **Reti:** *10'pt Tinari (P), 13'pt su rigore M. Miocchi (T), 32'st M. Paiola (T), 44'st Patrizi (P), 48'st e 50'st V. Di Lillo (P).* **Note:** ammoniti Di Marzio (T), Di Battista (T), Annunziata (P), Civic (T), Cicchetti (T), Albani (P), Parisi (T), Di Lillo (P).

Scafapassocordone-Montorio 88: 1-2
Scafapassocordone: Rosano, Allegro, Amicone, Giusti, Silvaggi, Troiano, Antonacci (42'st Di Gianpaolo), Zaccagnini (20'st Fayinkeh), Cesarone (42'st Castellucci), Pizzola, Cissé. **All.** De Melis. **Montorio 88:** Rapagnani, Di Silvestre, Monaco, Ndoye, Gridelli, Urbani (9'st Fall), Mosca, Di Sante, Ridolfi (5'st Giancarli), Di Felice, Leonzi. **All.** Cipolletti. **Arbitro:** Elena  Bomba di Lanciano. **Assistenti:** Emanuele Verardi di Vasto e Lorenzo Cotellessa di Lanciano. **Reti:** *11'st Mosca (M), 30'st Giancarli (M), 34'st su rigore Pizzola (S).* **Note:** ammoniti Di Silvestre (M), Cissé (S), Gridelli (M), Leonzi (M), Amicone (S), Di Sante (M).

Tagliacozzo-Real C. Guardia Vomano: 1-3

Tagliacozzo: De Sanctis (1'st Ridolfi), Capodacqua (1'st Salvi), Di Giuseppe, Corazza, Sefgjini, D. Di Rocco, Rossi, De Roccis (1'st Tancredi), Crescimbeni, Silvestri (21'st Di Matteo), Amicucci (31'st Giordani). **All.** Mazzei. **Real C. Guardia Vomano:** D'Andrea, Petrucci, Nardi, Scartozzi, Di Giovanni, Forcellese, Selmanaj (8'st Arrighetti), Cacciola, Gardini (13'st Di Gianluca), Foglia (43'st Giovannone), Bizzarri. **All.** Evangelisti. **Arbitro:** Domenico Pace dell'Aquila. **Assistenti:** Felice Mazzocchetti e Stefano Coccagna di Teramo. **Reti:** *13'pt Scartozzi (R), 21'pt autorete (T), 26'st Nardi (R), 49'st Arrighetti (R).* **Note:** espulso al 12'st Petrucci (R), per somma di ammonizioni; ammoniti Capodacqua (T), Silvestri (T), Bizzarri (R), Gardini (R), Rossi (T), Crescimbeni (T), Tancredi (T).

GIUDICE SPORTIVO

Una gara: J. Petrucci (Real C. Guardia Vomano)

2ª GIORNATA – domenica 25 settembre 2022

Luco Calcio-Pizzoli	**1-2**
Montorio 88-Hatria	**3-0**
Pucetta-Amiternina	**1-3**
Real C. Guardia Vomano-Celano	**1-4**
San Benedetto Venere-Tagliacozzo	**5-0**
San Gregorio-Fucense Trasacco	**2-0**
Tornimparte 2002-Scafapassocordone	**0-1**

Luco Calcio-Pizzoli: 1-2

Luco Calcio: Dell'Unto, Ciocci, Mencarini, Esposito, R. Venditti, W. Angelucci (37'st Cherubini), Battista, Cinquegrana, Secondo (17'st W. Venditti), Di Virgilio, Micocci. **All.** Fidanza. **Pizzoli:** Muscato, Rugani, Ponzi, Albani, Mazza, Tinari, Marini (37'st Rosica), Annunziata, Patrizi (34'st S. Montorselli), V. Di Lillo, D'Agostino (46'st Passacantando). **All.** Napoli. **Arbitro:** Stanislav Ungureanu di Lanciano. **Assistenti:** Simone Massariello di Avezzano e Mario Antonini dell'Aquila. **Reti:** *10'pt V. Di Lillo (P), 1'st su rigore Di Virgilio (L), 48'st Tinari (P).* **Note:** espulso al 46'st Micocci per proteste; ammoniti Angelucci (L), Cinquegrana (L), Micocci (L), R. Venditti (L), Albani (P), Battista (L), Di Virgilio (L), Muscato (P), Mazza (P), Annunziata (P), Marini (P), Tinari (P).

Montorio 88-Hatria: 3-0

Montorio 88: Rapagnani, Di Silvestre, Monaco (41'st Salvi), Ndoye, Gridelli, Urbani (5'st Marini), Mosca (34'st Giancarli), Di Sante, Ridolfi, Pollino (16'st Di Felice), Leonzi (20'st Maselli). **All.** Cipolletti. **Hatria:**

D'Andrea, Tancini De Almeida, Manco, Ceccani (42'st Medeiros), Mastramico, Marotta, Pavone, Della Sciucca (20'st Pereyro), Quadrini (25'pt Carpegna), Novello (42'st De Simone), Di Niso. **All.** Reitano. **Arbitro:** Vincenzo De Santis di Avezzano. **Assistenti:** Filippo Giancaterino di Pescara e Giulio Basile di Chieti. **Reti:** *8'pt Leonzi, 35'pt e 9'st Ridolfi.* **Note:** ammoniti Marotta (H), Monaco (M), Di Silvestre (M), Tancini De Almeida (H), Mosca (M).

Pucetta-Amiternina: 1-3

Pucetta: Brassetti, Capodacqua, Boukhrais (16'st Tavani), A. Tuzi, Castellani, M. Tuzi, Carosone, Mattei (16'st A. Graziani), Marianella, Theodoro De Almeida, Paris. **All.** Giannini. **Amiternina:** Cordoba Perez, Paolucci, Fischione, Linares Robles, Traoré Traoré, Herrera Afonso, Sebastiani, Bizzini (22'st Lepidi), Espada Goya (31'st Carrozzi), Ludovici (44'st Del Pinto), Vasi. **All.** Di Felice. **Arbitro:** Augusto Di Girolamo di Teramo. **Assistenti:** Felice Mazzocchetti e

I tifosi dell'Amiternina

Gianmarco Di Filippo di Teramo. **Reti:** *3'pt Carosone (P), 16'pt su rigore Espada Goya (A), 35'pt e 39'pt Ludovici (A).* **Note:** ammoniti Castellani (P), Linares Robles (A), Ludovici (A), Marianella (P), Fischione (A), Vasi (A).

Real C. Guardia Vomano-Celano: 1-4

Real C. Guardia Vomano: D'Andrea, Noto, Nardi (5'st Arrighetti), Scartozzi (35'st Spinosi), Di Gianluca, Forcellese (5'st Di Giacinto), Selmanaj, Cacciola (27'st Drobonikv), Gardini, Foglia (5'st Giovannone), Bizzarri. **All.** Evangelisti. **Celano:** Santoro, Scolari, Tabacco (24'pt Palombizio), Volpe (25'st D'Agostini), Villa, Di Fabio, M. D'Amore (25'st G. D'Amore), Paneccasio, Libonatti (20'st Di Gaetano), Kras, Fidanza (46'st Michetti). **All.** Celli. **Arbitro:** Pierpaolo Costantini di Pescara. **Assistenti:** Umberto Nappi e Marco Gravina di Pescara. **Reti:** *7'pt Paneccasio (C), 34'pt Gardini (R), 44'pt Libonatti (C), 5'st e 26'st Palombizio (C).* **Note:** ammoniti Forcellese (R), Scartozzi (R), Di Fabio (C), Volpe (C), Noto (R), Mercogliano (C).

San Benedetto Venere-Tagliacozzo: 5-0

San Benedetto Venere: Bassi, Di Panfilo (11'st Callocchia), Di Vittorio,

Liberati (5'st Di Pippo), Zarini, Cipriani, Ettorre (15'st Tarquini), Gramegna, Mancini, Catalli (12'st Del Vecchio), G. Cordischi (15'st Mastroianni). **All.** B. Di Genova. **Tagliacozzo:** Ridolfi, D. Di Rocco, Amicucci (1'st Di Giuseppe), Corazza, Rossi (21'st Di Matteo), Tabacco, Capodacqua (5'st Giordani), V. Di Rocco, Crescimbeni, Sefgjini (21'st Paolucci), Panichi (15'st Di Battista). **All.** Mazzei. **Arbitro:** Michele Ciannarella di Pescara. **Assistenti:** Francesco De Santis di Avezzano e Federica Presutti di Sulmona. **Reti:** *18'pt Ettorre, 41'pt e 46'pt Catalli, 1'st Cordischi, 41'st Mancini.* **Note:** ammoniti Rossi (T), Catalli (S), Liberati (S), Capodacqua (T), Del Vecchio (S), Sefgjini (T).

San Gregorio-Fucense Trasacco: 2-0

San Gregorio: Di Casimiro, Di Francesco (41'st Rampini), M. Di Alessandro, D. Di Alessandro (41'st Napoleon), Ricci, Romano, Magistro (33'st Nardecchia), Nanni, I. Anaya Ruiz, Mazzaferro (30'st Bravoco), Galassi. **All.** Rotili. **Fucense Trasacco:** Leone, Di Prisco, Fellini (21'st Kone), Capaldi, D'Amico, Idrofano, Commesso (26'st Abagnale), Santucci, Curri, Angelini, Cancelli. **All.** Gallese. **Arbitro:** Asia Armaroli di Teramo. **Assistenti:** Matteo Corradi di Avezzano e Elisabetta Antonucci di Pescara. **Reti:** *43'pt Di Francesco, 28'st Magistro.* **Note:** espulso al 19'st Galassi per somma di ammonizioni; ammoniti Capaldi (F), M. Di Alessandro (S), Di Francesco (S), Idrofano (F), Fellini (F), Commesso (F), Santucci (F), Kone (F).

Festa grande negli spogliatoi del San Gregorio

Tornimparte 2002-Scafapassocordone: 0-1

Tornimparte 2002: Loporcaro, Rovo (37'st Ugwoke), Parisi, Lorenzo Sanderra (20'st M. Miocchi), Andreassi, Di Battista, Spagnoli (9'st Coletti), Cicchetti, L. Paiola (9'st Santarelli), Di Marzio, M. Paiola (40'st Civic). **All.** Luca Sanderra. **Scafapassocordone:** Rosano, Amicone, Zaccagnini, D'Alimonte (20'st Fayinkeh), Troiano, Silvaggi, Antonacci (37'st Sciarretta), Giusti (45'st Di Fabio), Cesarone, Di Giampaolo, Cissé. **All.** De Melis. **Arbitro:** Cristian Di Renzo di Avezzano. **Assistenti:** Angelo Ciocca e Luigi Pelliccione dell'Aquila. **Rete:** *34'st Antonacci.* **Note:** espulso al 28'st Cicchetti (T) per condotta violenta; ammoniti Lorenzo Sanderra (T), D'Alimonte (S), M. Paiola (T), Di Battista (T), Cissé (S), Cicchetti (T), Cesarone (S), Parisi (T).

GIUDICE SPORTIVO

Due gare: V. Micocci (Luco Calcio); **una gara:** S. Galassi (San Gregorio), A. Cicchetti (Tornimparte 2002)

3ª GIORNATA – sabato 1 ottobre 2022

Amiternina-Hatria	0-0
Celano-San Benedetto Venere	0-1
Fucense Trasacco-Pucetta	1-1
Montorio 88-Tornimparte 2002	3-2
Pizzoli-Real C. Guardia Vomano	1-0
Scafapassocordone-Luco Calcio	1-0
Tagliacozzo-San Gregorio	0-1

Amiternina-Hatria: 0-0

Amiternina: Cordoba Perez, Paolucci, Fischione, Linares Robles, Traoré Traoré, Herrera Afonso, Sebastiani, Bizzini (29'st Galeota), Del Pinto (20'st Carrozzi). Ludovici, Vasi. **All.** Di Felice. **Hatria:** Pelusi, Pavone, Manco, Ceccani (38'st Mastramico), Tancini De Almeida, Marotta, Pereyro (18'st Assogna), Della Sciucca, Carpegna (22'pt De Simone), Novello, Di Niso (20'st Zippilli). **All.** Reitano. **Arbitro:** Simone Spadaccini di Chieti. **Assistenti:** Francesco Saltarella di Lanciano e Angelo Leone di Sulmona. **Note:** ammoniti Novello (H), Pereyro (H), Sebastiani (A), Manco (H), Carrozzi (A), Hererra Afonso (A).

Celano-San Benedetto Venere: 0-1

Celano: Santoro, Scolari, Mione, D'Agostini (5'st G. D'Amore), Villa, Di Fabio, M. D'Amore (14'st Palombizio), Paneccasio, Libonatti (14'st Di Gaetano), Kras, Fidanza (5'st Mercogliano). **All.** Celli. **San Benedetto**

Venere: Bassi, Callocchia (23'st Cordischi), Di Vittorio, Liberati, Zarini, Cipriani, Ettorre, Gramegna (23'st Di Pietro), Mancini (39'st L. Di Genova), Catalli, Del Vecchio (17'st Zazzara). **All.** B. Di Genova. **Arbitro:** Nicola Saraceni di Vasto. **Assistenti:** Alessio Aloisi dell'Aquila e Guido Alonzi di Avezzano. **Rete:** *48'st Ettorre.* **Note:** ammoniti Villa (C), Libonatti (C), Cipriani (S), Mione (C).

Fucense Trasacco-Pucetta: 1-1

Fucense Trasacco: Colella, Cesile (2'st Commesso, 29'st Abagnale), Fellini, Capaldi (40'st D'Alessio), D'Amico, Idrofano, Kone (40'st Scancella), Ferrazza, Curri, Angelini, Cancelli. **All.** Gallese. **Pucetta:** Brassetti, Boukhrais, Tavani, M. Tuzi, Castellani, A. Tuzi (13'st Di Marco), Carosone, Pascucci (20'st Mattei, 48'st Rametta), Marianella (38'st Bernabale), Theodoro De Almeida, Paris (20'st A. Graziani). **All.** Giannini. **Arbitro:** Gianluca Fantozzi di Avezzano. **Assistenti:** Michelangelo Longo e Mirco Monaco di Chieti. **Reti:** *17'pt Marianella (P), 37'pt Kone (F).* **Note:** ammoniti Colella (F), A. Tuzi (P), Boukhrais (P), Ferrazza (F), Castellani (P), Cancelli (F), Scancella (F), Brassetti (P).

Montorio 88-Tornimparte 2002: 3-2

Montorio 88: Rapagnani, Di Silvestre, Monaco, Ndoye, Gridelli, Urbani (10'st Fall), Mosca (38'st Guerra), Di Sante, Ridolfi, Pollino (22'st Maselli), Leonzi. **All.** Cipolletti. **Tornimparte 2002:** Ludovisi, Rovo (19'st Spagnoli), Parisi, Lorenzo Sanderra (16'st Santarelli), Andreassi, Di Battista, Ugwoke, M. Miocchi, Coletti (19'st L. Paiola), Di Marzio, M. Paiola (37'st Civic). **All.** Luca Sanderra. **Arbitro:** Pietro Sivilli di Chieti. **Assistenti:** Diego Carnevale di Avezzano e Francesco Di Marte di Teramo. **Reti:** *4'pt M. Paiola (T), 12'pt Ndoye (M), 18'pt Mosca (M), 12'st Ridolfi (M), 23'st Di Marzio (T).* **Note:** espulso al 41'st Bafile (T) per proteste; ammoniti Ridolfi (M), Ludovisi (T), Gridelli (M), M. Miocchi (T), Di Silvestre (M), Di Battista (T), Lorenzo Sanderra (T), L. Paiola (T).

Pizzoli-Real C. Guardia Vomano: 1-0

Pizzoli: Muscato, Marini, Ponzi, Albani, Rugani, Tinari, Passacantando (34'st Piri), Annunziata, Patrizi (22'st S. Montorselli), V. Di Lillo, D'Agostino (39'st Rosica). **All.** Napoli. **Real C. Guardia Vomano:** D'Andrea, Petrucci, Nardi (15'st Selmanaj), Scartozzi, Di Giovanni, Forcellese (13'st Giovannone), Foglia (30'st Cascioli), Di Giacinto, Gardini (1'st Cacciola), Bizzarri, Drobonikv (1'st Arrighetti). **All.** Evangelisti. **Arbitro:** Vincenzo De Santis di Avezzano. **Assistenti:** Gianmarco Cocciolone dell'Aquila e Filippo Giancaterino di Pescara. **Rete:** *13'pt*

D'Agostino. **Note:** espulsi al 35'pt Mazza (P) e al 12'st M. Montorselli (P) per proteste; ammoniti D'Agostino (P), Di Giacinto (R), Marini (P), Muscato (P), Albani (P).

Scafapassocordone: Rosano, Amicone, Zaccagnini, Giusti, Silvaggi, Troiano, Antonacci (25'st Di Giampaolo), Pastore (16'st Fayinkeh),

Cesarone (41'st Di Fabio), Pizzola (34'st Sciarretta), Cissé. **All.** De Melis. **Luco Calcio:** Dell'Unto (32'st F. Venditti), Ciocci (40'st Secondo), Mencarini, Esposito, R. Venditti, W. Angelucci (32'st Paolini), Battista, Cinquegrana, Shala, Briciu, Di Virgilio (32'st Cherubini). **All.** Fidanza. **Arbitro:** Michele Ciannarella di Pescara. **Assistenti:** Felice Mazzocchetti di Teramo e Roberto Di Risio di Lanciano. **Rete:** *42'pt Cesarone.* **Note:** espulsi al 9'st Briciu (L) per proteste e al 33'st Amicone (S) per somma di ammonizioni; ammoniti Ciocci (L), Giusti (S), Pizzola (S).

Tagliacozzo: Ruggieri, D. Di Rocco, Amicucci (30'st Di Giuseppe), Corazza, Rossi (10'st Sefgjini), Tabacco, De Luca (21'st Panichi), V. Di Rocco, Crescimbeni, Silvestri (34'st Di Matteo), De Roccis. **All.** Mazzei. **San Gregorio:** Di Casimiro, Di Francesco, M. Di Alessandro (30'st Marchetti), D. Di Alessandro, Ricci, Romano, Magistro, Nanni (15'st Bravoco), I. Anaya Ruiz (40'st Napoleon), Mazzaferro, Rampini (33'st Nardecchia). **All.** Rotili. **Arbitro:** Alessandro Piscopiello di Chieti. **Assistenti:** Pavel Babicenco dell'Aquila e Gianmarco Di Filippo di Teramo. **Rete:** *38'st I. Anaya Ruiz.* **Note:** ammoniti Ruggeri (T), Crescimbeni (T), I. Anaya Ruiz (S), Di Giuseppe (T), Corazza (T), De Roccis (T).

Tre gare: M. Montorselli (Pizzoli); **due gare:** N. Briciu (Luco Calcio), M. Mazza (Pizzoli), M. Bafile (Tornimparte 2002); **una gara:** P. Amicone (Scafapassocordone)

4ª GIORNATA – domenica 9 ottobre 2022	
Amiternina-Montorio 88	2-1
Hatria-Fucense Trasacco	0-2
Luco Calcio-Tornimparte 2002	1-0
Pucetta-Tagliacozzo	1-2
Real C. Guardia Vomano-Scafapassocordone	1-0
San Benedetto Venere-Pizzoli	4-1
San Gregorio-Celano	2-2

Amiternina-Montorio 88: 2-1

Amiternina: Cordoba Perez, Paolucci, Fischione, Linares Robles, Traoré Traoré, Herrera Afonso, Lepidi (39'st Angelone), Bizzini, Sebastiani (17'st Gentile), Ludovici, Vasi (35'st Carrozzi). **All.** Di Felice. **Montorio 88:** Rapagnani, Di Silvestre (1'st Maselli), Monaco, Ndoye, Gridelli, Fall (20'st Giancarli), Mosca, Di Sante (1'st Guerra), Ridolfi, Pollino (16'st Urbani), Leonzi (43'st Di Francesco). **All.** Cipolletti. **Arbitro:** Mattia Buzzelli di Avezzano. **Assistenti:** Nicola De Ortentiis e Davide Donatelli di Pescara. **Reti:** *9'pt Ludovici (A), 34'st su rigore Ridolfi (M), 39'st Angelone (A).* **Note:** espulso al 17'st Traoré Traoré (A) per somma di ammonizioni; ammoniti Paolucci (A), Leonzi (M), Bizzini (A), Lepidi (A), Linares Robles (A), Mosca (M).

Hatria-Fucense Trasacco: 0-2

Hatria: D'Andrea, Pavone, Manco, Ceccani, Tancini De Almeida (32'st Medeiros), Marotta, Di Niso (32'st Zippilli), Della Sciucca, De Simone (27'st Mastramico), Novello, Pereyro (21'st Assogna). **All.** Reitano. **Fucense Trasacco:** Colella, Cesile, Fellini, Capaldi (38'st D'Alessio), D'Amico, Idrofano, Kone, Ferrazza (22'st Grande), Curri, Angelini (44'st Esposito), Cancelli (32'st Scancella). **All.** Gallese. **Arbitro:** Michele Ciannarella di Pescara. **Assistenti:** Diana Di Meo e Amedeo Di Nardo Di Maio di Pescara. **Reti:** *9'st e 19'st Angelini.* **Note:** ammoniti Ferrazza (F), Angelini (F), Scancella (F).

Luco Calcio-Tornimparte 2002: 1-0

Luco Calcio: Dell'Unto, Ciocci, Mencarini, Esposito, R. Venditti, Paolini, W. Venditti (30'st Pergolini), Cinquegrana, Shala, Di Virgilio (46'st Secondo), Battista. **All.** Fidanza. **Tornimparte 2002:** Ludovisi, Rovo (16'st Santarelli), Parisi, Lorenzo Sanderra (39'st Spagnoli), Andreassi, Di Battista, Ugwoke, M. Miocchi 16'st Cicchetti), Pokou (32'st L. Paiola), Di Marzio, M. Paiola (32'st Coletti). **All.** Luca Sanderra. **Arbitro:** Matteo Sacripante di Teramo. **Assistenti:** Michelangelo Longo di Chieti e Angelo Leone di Sulmona. **Rete:** *15'st Di Virgilio.* **Note:** ammoniti Di Virgilio (L), Andreassi (T), Pergolini (L), Secondo (L).

Pucetta-Tagliacozzo: 1-2

Pucetta: Brassetti, Boukhrais, Tavani, M. Tuzi, Castellani, A. Tuzi (30'st Mattei), Carosone, Pascucci (30'st A. Graziani), Da Conceiçao Pinto, Theodoro De Almeida, Marianella. **All.** Giannini. **Tagliacozzo:** Ruggieri, D. Di Rocco, De Luca (41'st Panichi), Corazza, Paolucci (20'st Capodacqua), Tabacco, V. Di Rocco, Torturo, Sefgjini (33'st Di Giuseppe), Silvestri (45'pt Giordani), Crescimbeni. **All.** Mazzei. **Arbitro:** Nicola Saraceni di Vasto. **Assistenti:** Giulio Basile e Niko Ricci di Chieti. **Reti:** *27'pt M. Tuzi (P), 18'st su rigore Torturo (T), 31'st De Luca (T)*. **Note:** espulso al 30'st Paris (P) per proteste; ammoniti Crescimbeni (T), Tavani (P), Giordani (T), Sefgjini (T), De Luca (T), Torturo (T).

Real C. Guardia Vomano-Scafapassocordone: 1-0

Real C. Guardia Vomano: D'Andrea, Spinosi, Carusi (25'st Cacciola), Scartozzi (28'st Nardi), Giovannone, Forcellese, Petrucci, Di Giacinto (25'st Foglia), Bizzarri (45'st Di Giovanni), Arrighetti (8'st Gardini), Selmanaj. **All.** Evangelisti. **Scafapassocordone:** Rosano, Allegro (38'st Sciarretta), Zaccagnini, Giusti, Silvaggi, Troiano, Antonacci (25'st Pizzola), Pastore (32'st Fayinkeh), Cesarone, Castellucci (29'st Di Fabio), Cissé (25'st Di Giampaolo). **All.** De Melis. **Arbitro:** Saverio Di Vito di Avezzano. **Assistenti:** Federico Amelii e Gianmarco Di Filippo di Teramo. **Rete:** *8'st Giardini*. **Note:** espulso al 45'st Giovannone (R) per somma di ammonizioni; ammoniti Silvaggi (S), Allegro (S), Spinosi (R), Gardini (R), Giusti (S), Cacciola (R), D'Andrea (R), Scartozzi (R).

San Benedetto Venere-Pizzoli: 4-1

San Benedetto Venere: Bassi, Di Panfilo (10'st Mastroianni), Di Vittorio, Liberati (26'st Di Pippo), Zarini, Cipriani, Ettorre, Di Pietro (10'st Migliori), Mancini (26'st Tarquini), Catalli (1'st Zazzara), G. Cordischi. **All.** B. Di Genova. **Pizzoli:** Muscato, Marini, Ponzi, Albani, Rugani (21'st Grasso), Tinari, S. Montorselli (9'st Ursache), Piri, V. Di Lillo, D'Agostino (1'st Passacantando). **All.** Napoli. **Arbitro:** Simone Spadaccini di Chieti. **Assistenti:** Diego Carnevale e Matteo Corradi di Avezzano. **Reti:** *7'pt Annunziata (P), 27'pt su rigore Catalli (S), 4'st Zarini (S), 12'st Mancini (S), 46'st Zazzara (S)*. **Note:** espulso al 44'pt Ponzi (P) per fallo da ultimo uomo; ammoniti Rugani (P), Annunziata (P).

San Gregorio-Celano: 2-2

San Gregorio: Di Casimiro, Di Francesco, Marchetti, D. Di Alessandro, Ricci, Romano, Alija (37'st Flaiano), Nanni, I. Anaya Ruiz, Mazzaferro, Galassi. **All.** Rotili. **Celano:** Rossi, Scolari, Mione, Paneccasio, Villa, Di Fabio, Di Gaetano (21'st Fidanza), Kras, Libonatti, Mercogliano, M.

D'Amore (11'st G. D'Amore). **All.** Celli. **Arbitro:** Vincenzo Scaramella di Teramo. **Assistenti:** Stefano Coccagna e Gianmarco Di Filippo di Teramo. **Reti:** *18'pt Di Fabio (C), 21'pt Villa (C), 28'pt su rigore Nanni (S), 15'st I. Anaya Ruiz (S).* **Note:** ammoniti M. D'Amore (C), Mione (C), Marchetti (S), Mercogliano (C), Di Fabio (C), Villa (C), Ricci (S), Kras (C), I. Anaya Ruiz (S).

GIUDICE SPORTIVO

Una gara: S. Traoré Traoré (Amiternina), L. Ponzi (Pizzoli), V. Paris (Pucetta), G. Giovannone (Real C. Guardia Vomano)

5ª GIORNATA – domenica 16 ottobre 2022

Celano-Pucetta	**2-2**
Fucense Trasacco-Amiternina	**0-2**
Montorio 88-Luco Calcio	**2-0**
Pizzoli-San Gregorio	**2-2**
Scafapassocordone-San Benedetto Venere	**1-5**
Tagliacozzo-Hatria	**0-3**
Tornimparte 2002-Real C. Guardia Vomano	**0-0**

Celano-Pucetta: 2-2

Celano: Rossi, Scolari, Mione, Paneccasio, Villa, Di Fabio, M. D'Amore (41'st Albertazzi), Kras, Libonatti (23'st Tabacco), Mercogliano (38'st Palombizio), Fidanza (16'st Di Gaetano). **All.** Celli. **Pucetta:** Brassetti, Di Marco, Boukhrais, M. Tuzi, Castellani (40'st Nazzicone), A. Tuzi, Carosone, Marianella, Da Conceiçao Pinto, Theodoro De Almeida, Tavani. **All.** Giannini. **Arbitro:** Cristian Di Renzo di Avezzano. **Assistenti:** Diana Di Meo di Pescara e Mara Mainella di Lanciano. **Reti:** *37'pt M. D'Amore (C), 1'st Di Gaetano (C), 13'pt Theodoro De Almeida (P), 50'st Di Marco (P).* **Note:** ammoniti Castellani (P), A. Tuzi (P), M. D'Amore (C), Da Coincecao Pinto (P).

Fucense Trasacco-Amiternina: 0-2

Fucense Trasacco: Colella, Cesile, Fellini, Capaldi (45'st D'Alessio), D'Amico (11'pt Scancella), Idrofano, Kone, Ferrazza (16'st Grande), Curri, Angelini, Cancelli. **All.** Gallese. **Amiternina:** Cordoba Perez, Paolucci, Fischione, Linares Robles, Gentile, Herrera Afonso (34'st Angelone), Lepidi, Bizzini (1'st Del Pinto), Sebastiani, Ludovici, Vasi (50'st Carrozzi). **All.** Di Felice. **Arbitro:** Asia Armaroli di Teramo. **Assistenti:** Stefano Coccagna e Gianmarco Di Filippo di Teramo. **Reti:** *10'pt e 38'st Del Pinto.* **Note:** ammoniti Sebastiani (A), Capaldi (F), Paolucci (F), Grande (F), Scancella (F).

Montorio 88-Luco Calcio: 2-0

Montorio 88: Rapagnani (47'st Natale), Di Felice (23'st Pollino, 45'st Giancarli), Monaco, Maselli, Gridelli, Di Silvestre, Fall, Salvi, Ridolfi (39'st Urbani), Guerra, Leonzi (7'st D'Ignazio). **All.** Cipolletti. **Luco Calcio:** Dell'Unto (34'st F. Venditti), Ciocci, Mencarini, Esposito, R. Venditti, Paolini, W. Venditti (34'st Secondo), Cinquegrana (39'st Cherubini), Shala, Di Virgilio, Battista (17'st Micocci). **All.** Fidanza. **Arbitro:** Domenico Pace dell'Aquila. **Assistenti:** Gjuliano Dodani di Avezzano e Pavel Babicenco dell'Aquila. **Reti:** *42'pt Di Silvestre, 34'st su rigore Ridolfi.* **Note:** ammoniti Ciocci (L), Rapagnani (M), R. Venditti (L).

Pizzoli-San Gregorio: 2-2

Pizzoli: Muscato, Marini, Giorgi, Albani, Rugani, Tinari, S. Montorselli, Passacantando, Patrizi (41'st Arciprete), V. Di Lillo, D'Agostino (28'st Piri). **All.** Napoli. **San Gregorio:** Di Casimiro, Di Francesco, Marchetti, D. Di Alessandro, Ricci, Bravoco (13'st Napoleon), Magistro (8'st Flaiano), Nanni, I. Anaya Ruiz, Mazzaferro (40'st J. Anaya Ruiz), Antonacci (21'st Liberatori). **All.** Rotili. **Arbitro:** Pierludovico Arnese di Teramo. **Assistenti:** Felice Mazzocchetti e Filippo Cerasi di Teramo. **Reti:** *28'pt D'Agostino (P), 8'st Marchetti (S), 25'st Giorgi (P), 29'st I. Anaya Ruiz (S).* **Note:** ammoniti Tinari (P), Mazzaferro (S), Rugani (P), D. Di Alessandro (S), Albani (P).

Scafapassocordone-San Benedetto Venere: 1-5

Scafapassocordone: Rosano, Amicone (31'st Castellucci), Zaccagnini, Giusti, Silvaggi, Troiano, Pizzola (31'st Allegro), Pastore (13'st Fayinkeh), Cesarone, D'Ancona, Antonacci (13'st Cissé). **All.** De Melis. **San Benedetto Venere:** Bassi, Di Panfilo, Di Vittorio (13'st Callocchia), Liberati (31'st Odoardi), Zarini, Di Pietro, Ettorre (31'st Di Pippo), Del Vecchio, Mancini (23'st G. Cordischi), Catalli, Gramegna (23'st Migliori). **All.** B. Di Genova. **Arbitro:** Francesco Di Rocco di Pescara. **Assistenti:** Giulio Basile di Chieti e Giulia Di Rocco di Pescara. **Reti:** *7'pt Mancini (Sa), 9'st Ettorre (Sa), 23'st Cordischi (Sa), 27'st e 39'st Catalli (Sa), 33'st Cissé (Sc).* **Note:** espulso al 35'pt Zazzara (Sa) per proteste; ammoniti Amicone (Sc), Di Vittorio (Sa), Troiano (Sc).

Tagliacozzo-Hatria: 0-3

Tagliacozzo: Ruggieri, D. Di Rocco, De Luca (10'st Panichi), Corazza, Paolucci (1'st Giordani), Tabacco, V. Di Rocco, Torturo, Crescimbeni (1'st Di Battista), Sefgjini, Amicucci. **All.** Mazzei. **Hatria:** D'Andrea, Pereyro, Manco, Tancini De Almeida (43'st Zippilli), Mastramico, Marotta, Renzetti, Della Sciucca, Di Niso (35'st Di Iulio), Novello (35'st Carpegna), Assogna (10'st Ceccani). **All.** Reitano. **Arbitro:** Stanislav Ungureanu di Lanciano.

Assistenti: Angelo Ciocca dell'Aquila e Alessio Di Santo di Sulmona. **Reti:** *36'pt Marotta, 45'pt Novello, 23'st Tancini De Almeida.* **Note:** espulso al 30'st Corazza (T) per condotta violenta; ammoniti Sefgjini (T), Di Niso (H), Giordani (T), Di Battista (T), D. Di Rocco (T), Renzetti (H), V. Di Rocco (T).

Tornimparte 2002-Real C. Guardia Vomano: 0-0

Tornimparte 2002: Ludovisi, Rovo (25'st Santarelli), Parisi, Lorenzo Sanderra, Andreassi, Di Battista, Ugwoke, M. Miocchi (31'st Cicchetti), Pokou (7'st Coletti), Di Marzio, M. Paiola (36'st L. Paiola). **All.** Luca Sanderra. **Real C. Guardia Vomano:** D'Andrea, Spinosi, Nardi (10'st Selmanaj), Scartozzi (19'st Di Giacinto), Di Gianluca, Di Giovanni (1'st Forcellese), Petrucci, Foglia, Gardini (23'st Cascioli), Bizzarri, Cacciola (23'st Dobronikv). **All.** Evangelisti. **Arbitro:** Nicola Saraceni di Vasto. **Assistenti:** Matteo Corradi di Avezzano e Igor Ciprietti di Teramo. **Note:** ammoniti Di Giovanni (R), Lorenzo Sanderra (T), Di Giacinto (R), Di Gianluca (R), Parisi (T), Petrucci (R).

La formazione ospite durante la fase di riscaldamento pre-partita

GIUDICE SPORTIVO

Due gare: G. Zazzara (San Benedetto Venere); **una gara:** M. Corazza (Tagliacozzo)

6ª GIORNATA – sabato 22 ottobre 2022

Amiternina-Tagliacozzo	**3-0**
Fucense Trasacco-Montorio 88	**0-2**
Hatria-Celano	**0-1**
Pucetta-Pizzoli	**4-2**
Real C. Guardia Vomano-Luco Calcio	**1-1**
San Benedetto Venere-Tornimparte 2002	**2-0**
San Gregorio-Scafapassocordone	**0-0**

Amiternina-Tagliacozzo: 0-0

Amiternina: Cordoba Perez, Paolucci (13'st Lepidi), Gentile, Linares Robles, Traoré Traoré (34'st Angelone), Herrera Afonso, Fischione, Bizzini (25'st Vasi), Sebastiani (34'st Del Pinto), Ludovici, Carrozzi (31'st Galeota). **All.** Di Felice. **Tagliacozzo:** Ruggieri, Paolucci, Di Giuseppe, V. Di Rocco, D. Di Rocco (44'st Piacente), Tabacco, Salvi (15'st Giordani), Torturo, Sefgjini (21'st Crescimbeni), Silvestri, De Luca (28'st Panichi). **All.** Mazzei. **Arbitro:** Augusto Di Girolamo di Teramo. **Assistenti:** Matteo Corradi e Jacopo Salera di Avezzano. **Reti:** *33'pt Traoré Traorè, 7'st Ludovici, 30'st Carrozzi.* **Note:** ammoniti Sefgjini (T), Paolucci (A), Herrera Afonso (A).

Fucense Trasacco-Montorio 88: 0-2

Fucense Trasacco: Colella (39'pt Leone), Cesile (23'st D'Alessio), Scancella (2'st Kone, 16'st Abagnale), Capaldi, Idrofano, Venditti, Fellini, Grande (2'st Ferrazza), Curri, Angelini, Cancelli. **All.** Gallese. **Montorio 88:** Rapagnani, Maselli, Monaco, Ndoye (16'st Di Felice), Gridelli, Di Silvestre, Pollino, Salvi, Ridolfi (33'st Mosca), Guerra, Fall. **All.** Cipolletti. **Arbitro:** Nicola Saraceni di Vasto. **Assistenti:** Steven Terrenzi e Amedeo Di Nardo Di Maio di Pescara. **Reti:** *27'pt Ndoye, 26'st Pollino.* **Note:** espulsi al 26'st Gallese (F) per proteste e al 28'st Pollino (M) per condotta violenta; ammoniti Colella (F), Capaldi (F), Ferrazza (F), Angelini (F), Cancelli (F).

Hatria-Celano: 0-1

Hatria: D'Andrea, Pereyro (37'st Carpegna), Manco, Tancini De Almeida, Mastramico, Marotta, Renzetti, Della Sciucca (31'st Quadrini), Ceccani (15'st Assogna), Novello, Di Niso. **All.** Reitano. **Celano:** Santoro, Scolari, Mione, Paneccasio, Villa, Tabacco, Di Gaetano (17'st Mercogliano), Kras, Fidanza (42'st Palombizio), M. D'Amore (48'st Volpe), Di Giovambattista (32'st G. D'Amore). **All.** Iezzi. **Arbitro:** Alessandro Piscopiello di Chieti. **Assistenti:** Michelangelo Longo di Chieti e Alessio Aloisi dell'Aquila. **Reti:** *8'st Di Giovambattista.* **Note:** espulso al 28'st Mercogliano (C) per condotta violenta; ammonito Tancini De Almeida (H).

Pucetta-Pizzoli: 4-2

Pucetta: Brassetti, Di Marco, Boukhrais, M. Tuzi (45'st Mattei), Castellani, A. Tuzi, Carosone (29'st Pascucci), Marianella (29'st A. Desideri), Da Conceiçao Pinto, Theodoro De Almeida (36'st Nazzicone), Tavani. **All.** Giannini. **Pizzoli:** Muscato, Giorgi (24'st Rosica), Rugani, Albani (23'st Arciprete), Mazza, Tinari, Patrizi, Ponzi, Passacantando, V. Di Lillo, D'Agostino (19'st Piri). **All.** Napoli. **Arbitro:** Alessandro Di Stefano di Teramo. **Assistenti:** Guido Alonzi e Gjuliano Dodani di Avezzano. **Reti:** *28'pt Theodoro De Almeida (Pu), 4'st Tinari (Pi), 8'st Castellani (Pu), 16'st Marianella (Pu), 34'st Da Conceiçao Pinto (Pu), 38'st Patrizi (Pi).* **Note:** espulso al 40'st Grasso (Pi) per proteste; ammoniti Passacantando (Pi), Rugani (Pi), Tavani (Pu).

Real C. Guardia Vomano-Luco Calcio: 1-1

Real C. Guardia Vomano: D'Andrea, Di Gianluca, Carusi (37'st Drobonikv), Di Giacinto (10'st Scartozzi), Giovannone, Forcellese (44'st Cascioli), Petrucci, Foglia, Bizzarri, Arrighetti (10'st Gardini), Selmanaj. **All.** Evangelisti. **Luco Calcio:** F. Venditti, Ciocci, Mencarini, Esposito, R. Venditti, Paolini, W. Venditti (8'st Micocci, 47'st Battista), Cinquegrana (19'st Shero), Shala (40'st Secondo), Briciu, Di Virgilio. **All.** Fidanza.

Arbitro: Simone Spadaccini di Chieti. **Assistenti:** Francesco Giuseppe Saltarella e Roberto Di Risio di Lanciano. **Reti:** *18'pt Bizzarri (R), 26'st Di Virgilio (L).* **Note:** ammoniti R. Venditti (L), Cinquegrana (L), Forcellese (R), Foglia (R), Micocci (L).

Terzo tempo tra teramani e marsicani

San Benedetto Venere-Tornimparte 2002: 2-0

San Benedetto Venere: Bassi, Di Panfilo, Di Vittorio, Liberati, Zarini (10'st Severini), Di Pietro, Ettore, Del Vecchio (10'st G. Cordischi), Mancini (34'st Di Pippo), Catalli, Gramegna (18'pt Migliori). **All.** B. Di Genova. **Tornimparte 2002:** Ludovisi, Rovo, Parisi, Lorenzo Sanderra (20'st Spagnoli), Andreassi (39'st Carducci), Di Battista, M. Miocchi, Cicchetti (8'st Ugwoke), Coletti (22'st L. Paiola), Di Marzio, M. Paiola (27'st Pokou). **All.** Luca Sanderra. **Arbitro:** Stanislav Ungureanu di Lanciano. **Assistenti:** Emanuele Torrelli di Avezzano e Matteo Leli dell'Aquila. **Reti:** *41'pt Catalli,*

15'st Ettorre. **Note:** ammoniti Andreassi (T), Severini (S), Ugwoke (T), Di Vittorio (S).

San Gregorio-Scafapassocordone: 0-0

San Gregorio: Di Casimiro, Di Francesco, Marchetti, D. Di Alessandro, Ricci, Romano, Flaiano (11'st Magistro), Nanni, I. Anaya Ruiz, Mazzaferro, Antonacci (27'st Liberatori). **All.** Rotili. **Scafapassocordone:** Rosano, Allegro (20'st Zaccagnini), Amicone, Giusti, Silvaggi, Troiano, Pizzola, Pastore (20'st Fayinkeh), Cesarone (25'st Castellucci), D'Ancona (26'pt Di Fabio), Cissé (36'st Di Giampaolo). **All.** De Melis. **Arbitro:** Saverio Di Vito di Avezzano. **Assistenti:** Gianmarco Di Filippo e Francesco Di Marte di Teramo. **Note:** ammoniti Marchetti (Sa), Troiano (Sc), I. Anaya Ruiz (Sa), Pastore (Sc), Cissé (Sc), Di Francesco (Sa), Fayinkeh (Sc).

Un bel primo piano dello Scafapassocordone

GIUDICE SPORTIVO

Due gare: E. Esposito (Fucense Trasacco), **una gara:** N. Mercogliano (Celano), F. Pollino (Montorio 88), K. Grasso (Pizzoli)

7ª GIORNATA – domenica 30 ottobre 2022	
Celano-Amiternina	1-1
Luco Calcio-Sam Benedetto Venere	0-1
Montorio 88-Real C. Guardia Vomano	2-1
Pizzoli-Hatria	0-1
Scafapassocordone-Pucetta	1-0
Tagliacozzo-Fucense Trasacco	2-7
Tornimparte 2002-San Gregorio	2-0

Celano-Amiternina: 1-1

Celano: Santoro, Scolari, Mione, Paneccasio, Di Fabio, Tabacco, Di Gaetano (20'st Libonatti), Kras, M. D'Amore (46'st Palombizio), G. D'Amore (13'st Di Giovambattista), Fidanza. **All.** Iodice. **Amiternina:** Cordoba Perez (31'st D'Angelo), Paolucci (43'st Lepidi), Gentile, Linares Robles, Traoré Traorè, Herrera Afonso, Fischione, Bizzini, Sebastiani, Ludovici (10'pt Carrozzi), Vasi (40'st Angelone). **All.** Di Felice. **Arbitro:** Nicola Saraceni di Vasto. **Assistenti:** Gjuliano Dodani di Avezzano e Amedeo Di Nardo Di Maio di Pescara. **Reti:** *20'pt M. D'Amore (C), 23'st Traorè Traoré (A).* **Note:** ammoniti Kras (C), Scolari (C), Paolucci (A).

L'Amiternina in festa per il bel pareggio colto a Celano

27

Luco Calcio-San Benedetto Venere: 0-1

Luco Calcio: F. Venditti, Ciocci, Mencarini, Esposito, R. Venditti, Paolini, Battista (40'st Fedele), Cinquegrana, Shala, Di Virgilio, Shero (8'st Briciu). **All.** Fidanza. **San Benedetto Venere:** Bassi, Cipriani, Di Vittorio (35'st Gramegna), Liberati, Zarini (28'st Di Panfilo), Severini, Ettorre, Di Pietro, Mancini (19'st L. Di Genova), Catalli, G. Cordischi. **All.** B. Di Genova. **Arbitro:** Niko Pellegrino di Teramo. **Assistenti:** Gianmarco Cocciolone dell'Aquila e Diana Di Meo di Pescara. **Rete:** *24'st Zarini.* **Note:** espulso al 31'st Briciu (L) per somma di ammonizioni; ammoniti Di Vittorio (S), Shero (L), Cinquegrana (L), Ciocci (L), L. Di Genova (S), Di Virgilio (L).

Montorio 88-Real C. Guardia Vomano: 2-1

Montorio 88: Rapagnani, Maselli (23'st Di Silvestre), Monaco (10'st Di Sante), Ndoye, Gridelli, Fall (10'st Giancarli), Mosca (26'st Di Felice), Salvi, Ridolfi, Guerra (48'st D'Ignazio), Leonzi. **All.** Cipolletti. **Real C. Guardia Vomano:** D'Andrea, Di Gianluca (6'st Di Giovanni), Selmanaj, Scartozzi, Forcellese (34'st Arrighetti), Giovannone, Petrucci, Di Giacinto (28'st Cascioli), Bizzarri, Foglia (18'st Gardini), Bala (18'st Carusi). **All.** Evangelisti. **Arbitro:** Stanislav Ungureanu di Lanciano. **Assistenti:** Alessio Di Santo di Sulmona e Matteo Corradi di Avezzano. **Reti:** *31'pt Bala (R), 15'st Giancarli (M), 22'st Guerra (M).* **Note:** ammoniti Fall (M), Ndoye (M), Bizzarri (R), Ridolfi (M), Gridelli (M), D'Andrea (R).

Pizzoli-Hatria: 0-1

Pizzoli: Muscato, Ponzi, Tinari, Annunziata, Rugani, Mazza, Patrizi, Passacantando (6'st Arciprete), D'Agostino (36'st Piri), V. Di Lillo, Marini (20'st Giorgi). **All.** Rainaldi. **Hatria:** D'Andrea, Pereyro, Mboup (11'st Manco), Tancini De Almeida, Mastramico, Marotta (1'st Della Sciucca), Renzetti, Zippilli (11'st Assogna), Ceccani, Novello (32'st Quadrini), Di Niso (47'st Di Iulio). **All.** Reitano. **Arbitro:** Saverio Di Vito di Avezzano. **Assistenti:** Nicola De Ortentiis e Giulia Di Rocco di Lanciano. **Rete:** *23'st Assogna.* **Note:** espulso al 27'st Rugani (P) per somma di ammonizioni; ammoniti Mastramico (H), Novello (H), Pereyro (H).

Scafapassocordone-Pucetta: 1-0

Scafapassocordone: Rosano, Amicone (35'st Di Fabio), Zaccagnini, Fayinkeh, Silvaggi, Troiano, Giusti, Pastore, Cesarone (39'st Castellucci), Pizzola (39'st Sciarretta), Cissé (14'st Antonacci). **All.** De Melis. **Pucetta:** Brassetti, Di Marco, Federici (17'st A. Graziani), M. Tuzi, Boukhrais (51'st Pascucci), A. Tuzi (37'pt A. Desideri), Carosone (16'pt Nazzicone), Marianella (23'st Mattei), Da Conceiçao Pinto, Theodoro De Almeida, Tavani. **All.** Giannini. **Arbitro:** Domenico Pace dell'Aquila. **Assistenti:**

Matteo Nunziata di Sulmona e Niko Ricci di Chieti. **Rete:** *10'st Pizzola.*
Note: ammoniti Fayinkeh (S), Silvaggi (S), Pastore (S), Rosano (S), Giusti (S).

Un momento del match tra Scafapassocordone e Pucetta

Tagliacozzo-Fucense Trasacco: 2-7

Tagliacozzo: Tershalla, D. Di Rocco, Sefgjini (14'st Paolucci), Corazza, Rossi (1'st Crescimbeni), Tabacco, V. Di Rocco, Torturo, De Roccis, Silvestri (19'st Di Matteo), De Luca (1'st Di Giuseppe). **All.** Mazzei. **Fucense Trasacco:** A. Scognamiglio, Fellini, Scancella, D'Alessio (27'st Ferrazza), Idrofano, Venditti, Abagnale (36'st Grande), Capaldi, Curri, Angelini, Cancelli. **All.** Gallese. **Arbitro:** Vincenzo De Santis di Avezzano. **Assistenti:** Alessio Aloisi e Matteo Leli dell'Aquila. **Reti:** *20'pt Venditti (F), 28'pt e 42'pt su rigore Curri (F), 35'pt, 2'st e 46'st Cancelli (F), 44'pt Angelini (F), 10'st Abagnale (F), 29'st De Roccis (T), 32'st su rigore Torturo (T).* **Note:** espulso al 3'st Venditti (F) somma di ammonizioni; ammoniti Angelini (F), De Luca (T), Sefgjini (T), Tershalla (T).

Tornimparte 2002-San Gregorio: 2-0

Tornimparte 2002: Ludovisi, Rovo, Parisi, Lorenzo Sanderra (15'st Cicchetti), Andreassi, Di Battista, Ugwoke, M. Miocchi, Coletti (35'st Pokou), Di Marzio, M. Paiola. **All.** Luca Sanderra. **San Gregorio:** Meo, Romano, Marchetti, D. Di Alessandro, Ricci, Nardecchia (32'st Magistro), Antonacci (12'st Rampini), Nanni (39'st Barretta), J. Anaya Ruiz (27'st I. Anaya Ruiz), Mazzaferro, Napoleon (35'pt Bravoco). **All.** Rotili. **Arbitro:** Augusto Di Girolamo di Teramo. **Assistenti:** Stefano Brandimarte e Stefano Coccagna di Teramo. **Reti:** *30'st Di Marzio, 48'st M. Miocchi.* **Note:** ammoniti Parisi (T), Nardecchia (S), J. Anaya Ruiz (S), Di Marzio (T), Lorenzo Sanderra (T), Ricci (S), M. Paiola (T).

GIUDICE SPORTIVO

Una gara: D. Venditti (Fucense Trasacco), N. Briciu (Luco Calcio), F. Sefgjini (Tagliacozzo), M. Rugani (Pizzoli)

8ª GIORNATA – domenica 6 novembre 2022

Amiternina-Pizzoli	1-2
Fucense Trasacco-Celano	0-2
Hatria-Scafapassocordone	2-1
Pucetta-Tornimparte 2002	0-1
San Benedetto Venere-Real C. Guardia Vomano	2-1
San Gregorio-Luco Calcio	4-2
Tagliacozzo-Montorio 88	1-2

Amiternina-Pizzoli: 1-2

Amiternina: D'Angelo, Paolucci (22'pt Lepidi), Angelone (32'st Carrozzi), Linares Robles, Traoré Traoré, Herrera Afonso, Fischione, Bizzini, Sebastiani (42'st Gentile), Del Pinto (27'st Rossi), Vasi (39'st Galeota). **All.** Di Felice. **Pizzoli:** Muscato, Ponzi, Tinari, Annunziata, Grasso (34'st Serpetti), Mazza, Marini, Passacantando, Arciprete (29'st Anastasio, 34'st S. Montorselli), V. Di Lillo, Piri. **All.** Rainaldi. **Arbitro:** Asia Armaroli di Teramo. **Assistenti:** Stefano Coccagna e Felice Mazzocchetti di Teramo. **Reti:** *1'pt Del Pinto (A), 7'st e 28'st Piri (P).* **Note:** ammoniti Del Pinto (A), Tinari (P), Vasi (A), Passacantando (P), Herrera Afonso (A), Mazza (P).

Fucense Trasacco-Celano: 0-2

Fucense Trasacco: A. Scognamiglio, Fellini, Scancella, D'Alessio, D'Amico, Grande (16'st Ferrazza), Abagnale, Capaldi, Curri, Angelini, Cancelli. **All.** Gallese. **Celano:** Santoro, Scolari, Mione, Paneccasio, Di Fabio (40'st Villa), Tabacco, M. D'Amore (26'st G. D'Amore), Kras, Fidanza (16'st Di Gaetano), Mercogliano, Di Giovambattista (36'st D'Agostini). **All.** Iodice. **Arbitro:** Ferdinando Carluccio dell'Aquila. **Assistenti:** Matteo Corradi di Avezzano e Pavel Babicenco dell'Aquila. **Reti:** *26'pt Mercogliano, 13'st Paneccasio.* **Note:** ammoniti Angelini (F), Cancelli (F), Paneccasio (C), Di Fabio (C), Ferrazza (F), Mercogliano (C).

Hatria-Scafapassocordone: 2-1

Hatria: D'Andrea, Pavone (33'st Sabir Belaich), Pereyro, Ceccani, Mastramico, Tancini De Almeida, Assogna (42'st Zippilli), Renzetti (36'pt Manco), Carpegna (24'st Quadrini), Della Sciucca, Di Niso. **All.** Reitano. **Scafapassocordone:** Rosano, Amicone, Zaccagnini (40'st Colangelo), Cissé, Sciarretta, Silvaggi, Giusti, Pastore (36'st Di Giampaolo), Cesarone (28'st Castellucci), Pizzola, Antonacci. **All.** De Melis. **Arbitro:** Matteo Lanconelli di

Avezzano. **Assistenti:** Andrea Marrollo e Grazia Pia De Martino di Vasto. **Reti:** *18'pt e 1'st Carpegna (H), 26'pt Cissé (S)*. **Note:** espulso al 45'pt Pizzola (S) per proteste; ammoniti Della Sciucca (H), Cissé (S), Antonacci (S), Quadrini (H), Sciarretta (S).

Pucetta-Tornimparte 2002: 0-1

Pucetta: Brassetti, Di Marco, Tavani, M. Tuzi, Boukrhais, A. Tuzi, Nazzicone (12'st Mattei), Pascucci (17'st Marianella), Da Conceiçao Pinto, Theodoro De Almeida, Bernabale (17'st A. Graziani). **All.** Giannini. **Tornimparte 2002:** Ludovisi, Rovo, Parisi, Civic (39'st Lorenzo Sanderra), Andreassi, Di Battista, Ugwoke, Cicchetti, Coletti (27'st M. Miocchi), Di Marzio, M. Paiola (45'st Spagnoli). **All.** Luca Sanderra. **Arbitro:** Alessandro Piscopiello di Chieti. **Assistenti:** Francesco Di Marte di Teramo e Francesco Di Nardo Di Maio di Pescara. **Rete:** *17'st Rovo*. **Note:** espulso al 49'st Theodoro De Almeida (P) per proteste; ammoniti Boukhrais (P), Di Battista (T), Pascucci (P), Mattei (P), A. Tuzi (P).

San Benedetto Venere-Real C. Guardia Vomano: 2-1

San Benedetto Venere: Bassi, Cipriani, Di Vittorio (33'st Gramegna), Liberati (19'st Del Vecchio), Zarini, Severini, Ettorre, Migliori (19'st Di Pietro), Mancini (42'st Di Pippo), Catalli, G. Cordischi (19'st Zazzara). **All.** B. Di Genova. **Real C. Guardia Vomano:** D'Andrea, Spinosi (41'st Arrighetti), Selmanaj, Scartozzi (11'st Giovannone), Di Gianluca, Forcellese (38'st Di Giovanni), Petrucci, Di Giacinto, Bizzarri, Cascioli (11'st Gardini), Bala (44'st Carusi). **All.** Evangelisti. **Arbitro:** Francesco Colanzi di Lanciano. **Assistenti:** Alessio  Aloisi dell'Aquila e Francesco Giuseppe Saltarella di Lanciano. **Reti:** *44'pt Bizzarri (R), 8'st Catalli (S), 39'st Zarini (S)*. **Note:** ammoniti Catalli (S), Di Giacinto (R), Bala (R), Selmanaj (R), Di Pippo (S).

Fasi di gioco ed esultanza dei giallorossi

San Gregorio-Luco Calcio: 4-2

San Gregorio: Di Casimiro, Romano, Marchetti, D. Di Alessandro, Ricci, Di Francesco (37'st Di Cesare), Rampini (23'st

Antonacci), Nanni (39'st Bravoco), I. Anaya Ruiz (42'st Barretta), Mazzaferro, Magistro (9'st Flaiano). **All.** Rotili. **Luco Calcio:** F. Venditti (16'st Dell'Unto), Ciocci, Mencarini, Esposito (34'pt Villa), R. Venditti, Paolini (45'pt Secondo), Shero, Cinquegrana, Shala, Battista (35'st Pergolini), Di Virgilio (2'st Fedele). **All.** Fidanza. **Arbitro:** Nicola Saraceni di Vasto. **Assistenti:** Gjuliano Dodani di Avezzano e Claudio Habazaj dell'Aquila. **Reti:** *8'pt Di Virgilio (L), 9'pt Ricci (S), 10'pt Shala (L), 15'pt Mazzaferro (S), 30'pt su rigore e 35'st I. Anaya Ruiz (S).* **Note:** espulso al 40'pt Shala (L) per condotta violenta; ammoniti Magistro (S), Di Virgilio (L), Mazzaferro (S), Romano (S), Ciocci (L), R. Venditti (L), Cinquegrana (L), Fedele (L), Nanni (S), Flaiano (S), I. Anaya Ruiz (S).

Il San Gregorio esulta dopo il poker di reti rifilato al Luco Calcio

Tagliacozzo-Montorio 88: 1-2

Tagliacozzo: Tershalla, D. Di Rocco, Di Giuseppe (38'st Paolucci), Corazza, Rossi (26'st De Luca), Tabacco, V. Di Rocco, Torturo, Crescimbeni, Silvestri (13'st Tancredi), Di Matteo. **All.** Mazzei. **Montorio 88:** Rapagnani, Di Silvestre (13'st Maselli), Monaco, Ndoye, Gridelli, Fall (29'st Urbani), Mosca, Salvi (4'st Di Sante), Ridolfi, Pollino, Leonzi (45'st Di Felice). **All.** Cipolletti. **Arbitro:** Elena Bomba di Lanciano. **Assistenti:** Diana Di Meo di Pescara e Mara Mainella di Lanciano. **Reti:** *9'pt Mosca (M), 13'pt*

Salvi (M), 29'pt Silvestri (T). **Note:** espulso al 44'pt Crescimbeni (T) per somma di ammonizioni; ammoniti D. Di Rocco (T), Monaco (M), Maselli (M), Di Giuseppe (T), Di Matteo (T).

GIUDICE SPORTIVO

Due gare: F. Pizzola (Scafapassocordone); **una gara:** D. Crescimbeni (Tagliacozzo), R. Shala (Luco Calcio), R. Theodoro De Almeida (Pucetta), A. Angelini (Fucense Trasacco)

9ª GIORNATA – sabato 12 novembre 2022

Celano-Tagliacozzo	**3-1**
Luco Calcio-Pucetta	**0-1**
Montorio 88-San Benedetto Venere	**2-3**
Pizzoli-Fucense Trasacco	**2-2**
Real C. Guardia Vomano-San Gregorio	**0-0**
Scafapassocordone-Amiternina	**2-1**
Tornimparte 2002-Hatria	**3-1**

Celano-Tagliacozzo: 3-1

Celano: Santoro, Scolari, Mione, D'Agostini (1'st Palombizio), Di Fabio (1'st Villa), Tabacco, Kras, Paneccasio, M. D'Amore, Mercogliano (20'st Albertazzi), Di Gaetano (46'st Fidanza). **All.** Iodice. **Tagliacozzo:** Tershalla, De Luca, Di Giuseppe, Corazza, Rossi, Tabacco, V. Di Rocco, Torturo, De Roccis (27'st Panichi), Silvestri (9'st Paolucci), Di Matteo (9'st Sefgjini). **All.** Mazzei. **Arbitro:** Davide Troiani di Pescara. **Assistenti:** Alessio Aloisi dell'Aquila e Amedeo Di Nardo Di Maio di Pescara. **Reti:** *15'pt e 45'st M. D'Amore (C), 25'pt su rigore Torturo (T), 44'pt Di Gaetano (C).* **Note:** ammoniti Corazza (T), Sefgjini (T).

Luco Calcio-Pucetta: 0-1

Luco Calcio: Dell'Unto (31'st F. Venditti), W. Venditti (32'st Secondo), Mencarini, Cinquegrana, R. Venditti (43'st Pergolini), Ciocci (42'pt Villa), Battista, Paolini, Briciu, Shero, Di Virgilio. **All.** Rocchi. **Pucetta:** Brassetti, Boukhrais, Tavani, M. Tuzi, Di Marco, A. Tuzi, A. Graziani (39'st M. Graziani), Pascucci, Da Conceiçao Pinto, Mattei (39'st Biancone), Bernabale. **All.** Giannini. **Arbitro:** Pierpaolo Costantini di Pescara. **Assistenti:** Matteo Corradi di Avezzano e Filippo Giancaterino di Pescara. **Rete:** *15'pt su rigore Da Conceiçao Pinto.* **Note:** ammoniti Cinquegrana (L), R. Venditti (L).

Montorio 88-San Benedetto Venere: 2-3

Montorio 88: Rapagnani, Di Silvestre, Maselli, Fall, Gridelli, Salvi (31'st Monaco), Mosca, Di Felice (31'st Giancarli), Ridolfi (12'st Di Sante), Pollino,

Leonzi. **All.** Cipolletti. **San Benedetto Venere:** Bassi, Cipriani, Di Panfilo (17'st Del Vecchio), Liberati (25'st G. Cordischi), Zarini, Severini, Ettorre (44'st Di Pippo), Di Pietro, Mancini (17'st Zazzara), Catalli, Migliori. **All.** B. Di Genova. **Arbitro:** Pietro Sivilli di Chieti. **Assistenti:** Steven Terrenzi e Nicola De Ortentiis di Pescara. **Reti:** *30'pt Migliori (S), 45'pt su rigore Mosca (M), 10'st Ridolfi (M), 13'st Mancini (S), 29'st Del Vecchio (S).* **Note:** ammoniti Pollino (M), Liberati (S), Mosca (M), Salvi (M), Ridolfi (M), Maselli (M).

In casa San Benedetto si esulta per il colpaccio ai danni del Montorio 88

Pizzoli-Fucense Trasacco: 2-2

Pizzoli: Muscato, Ponzi, Tinari, Annunziata (24'st M. Montorselli), Rugani, Serpetti, Marini (16'st S. Montorselli), Passacantando, Piri (33'st D'Agostino), V. Di Lillo, Patrizi. **All.** Rainaldi. **Fucense Trasacco:** A. Scognamiglio, Fellini, Scancella, Capaldi, D'Amico, Venditti, Abagnale (1'st Di Prisco), D'Alessio, Curri, Kone (30'st Grande), Cancelli. **All.** Gallese. **Arbitro:** Alessandro Piscopiello di Chieti. **Assistenti:** Federico Amelii e Leonardo Di Egidio di Teramo. **Reti:** *22'pt su rigore e 44'pt su rigore Piri (P), 26'pt D'Amico (F), 24'st Cancelli (F).* **Note:** espulso al 44'pt Fellini (F) per fallo da ultimo uomo; ammoniti Muscato (P), Annunziata (P), Marini (P), Tinari (P), S. Montorselli (P).

Real C. Guardia Vomano-San Gregorio: 0-0

Real C. Guardia Vomano: D'Andrea, Spinosi, Nardi (9'st Selmanaj), Giovannone, Di Gianluca, Forcellese, Petrucci, Di Giacinto, Bizzarri (34'st Arrighetti), Cascioli (11'st Gardini), Bala. **All.** Evangelisti. **San Gregorio:** Di Casimiro, Di Francesco (17'st Rampini), Marchetti, D. Di Alessandro, Ricci,

Romano, Flaiano (21'st Magistro), Nanni, I. Anaya Ruiz, Mazzaferro, Antonacci. **All.** Rotili. **Arbitro:** Sebastiano Di Florio di Lanciano. **Assistenti:** Roberto Di Risio e Tea Hanxhari di Lanciano. **Note:** ammoniti Forcellese (R), Ricci (S), Di Giacinto (R), Romano (S), Antonacci (S), Nanni (S).

L'undici titolare del Real C. Guardia Vomano di scena a San Gregorio

Scafapassocordone-Amiternina: 2-1

Scafapassocordone: Rosano, Amicone, Zaccagnini (24'st Allegro), Fayinkeh, Sciarretta (17'st D'Ancona), Silvaggi, Pastore (35'st Di Giampaolo), Giusti, Cesarone (17'st Di Fabio), Antonacci (47'st Colangelo), Cissè. **All.** De Melis. **Amiternina:** D'Angelo, Paolucci, Gentile, Linares Robles, Traoré Traoré, Herrera Afonso, Fischione (37'st Galeota), Bizzini, Del Pinto (20'st Angelone), Carrozzi, Vasi (31'st Lepidi). **All.** Di Felice. **Arbitro:** Michele Raiola di Teramo. **Assistenti:** Mara Mainella e Francesco Giuseppe Saltarella di Lanciano. **Reti:** *42'pt su rigore Herrera Afonso (A), 26'st su rigore e 39'st Antonacci (S).* **Note:** espulso al 15'st Paolucci (A) per somma di ammonizioni; ammoniti Cissé (S), Fischione (A), Antonacci (S), Fayinkeh (S).

Una fase di gioco della sfida che vedeva opposta la formazione pescarese, allenata da Roberto De Melis, agli aquilani di mister Candido Di Felice

35

Tornimparte 2002-Hatria: 3-1

Tornimparte 2002: Ludovisi, Rovo, Parisi, Lorenzo Sanderra, Andreassi, Di Battista, M. Miocchi (44'st A. Miocchi), Cicchetti, Coletti (36'st L. Paiola), Di Marzio, M. Paiola (45'st Santarelli). **All.** Luca Sanderra. **Hatria:** D'Andrea, Sabir Belaich, Pereyro, Ceccani, Mastramico, Tancini De Almeida (4'pt Della Sciucca), Assogna (42'st Zippilli), Renzetti (17'st Mboup), Carpegna (17'st Quadrini), Marotta, Di Niso. **All.** Reitano. **Arbitro:** Marco Amatangelo di Sulmona. **Assistenti:** Gjuliano Dodani di Avezzano e Pavel Babicenco dell'Aquila. **Reti:** *10'st Di Marzio (T), 16'st M. Miocchi (T), 22'st Quadrini (H), 32'st Coletti (T).* **Note:** ammoniti Pereyro (H), Pelusi (H), M. Miocchi (T).

GIUDICE SPORTIVO

Una gara: D. Paolucci (Amiternina), V. Fellini (Fucense Trasacco), R. Venditti e G. Cinquegrana (Luco Calcio), M. Cissè (Scafapassocordone), S. Annunziata e G. Tinari (Pizzoli), M. Di Giacinto (Real C. Guardia Vomano), L. Pereyro (Hatria)

10ª GIORNATA – domenica 20 novembre 2022

Amiternina-Tornimparte 2002	4-2
Celano-Montorio 88	1-1
Fucense Trasacco-Scafapassocordone	0-2
Hatria-Luco Calcio	2-0
Pucetta-Real C. Guardia Vomano	4-1
San Gregorio-San Benedetto Venere	1-1
Tagliacozzo-Pizzoli	2-1

Amiternina-Tornimparte 2002: 4-2

Amiternina: D'Angelo, Fischione, Lepidi, Gentile (40'st Galeota), Traoré Traorè, Herrera Afonso, Sebastiani, Bizzini (21'st Vasi), Del Pinto (41'st Maurizi), Linares Robles, Carrozzi. **All.** Di Felice. **Tornimparte 2002:** Ludovisi, Rovo (34'st Spagnoli), Carducci, Lorenzo Sanderra (25'st A. Miocchi), Andreassi, Di Battista (42'st Pokou), M. Miocchi, Cicchetti, Coletti (30'st L. Paiola), Di Marzio, M. Paiola. **All.** Luca Sanderra. **Arbitro:** Cristian Di Renzo di Avezzano. **Assistenti:** Giulia Di Rocco di Pescara e Antonella La Torre di Chieti. **Reti:** *26'pt Di Marzio (T), 28'pt su rigore e 21'st Sebastiani (A), 1'st Bizzini (A), 35'st Carrozzi (A), 48'st L. Paiola (T).* **Note:** ammoniti Bizzini (A), Di Battista (T), Traoré Traorè (A), Cicchetti (T), Di Marzio (T), Carrozzi (A), M. Miocchi (T).

Celano-Montorio 88: 1-1

Celano: Santoro, Scolari, Mione, Paneccasio, Villa, Tabacco, Di Gaetano (17'pt Fidanza), Kras, M. D'Amore, Mercogliano (25'st Albertazzi),

Bentivoglio (21'st Palombizio). **All.** Iodice. **Montorio 88:** Rapagnani, Di Silvestre (1'st Maselli), Monaco, Ndoye, Gridelli, Fall (38'st Giancarli), Mosca (38'st Di Felice), Di Sante, Ridolfi, Salvi, Leonzi. **All.** Cipolletti. **Arbitro:** Simone Spadaccini di Chieti. **Assistenti:** Roberto Di Risio di Lanciano e Matteo Nunziata di Sulmona. **Reti:** *9'pt Leonzi (M), 14'pt M. D'Amore (C).* **Note:** ammoniti Fidanza (C), Ridolfi (M), Salvi (M), Mione (C), Di Sante (M), Leonzi (M).

Fucense Trasacco-Scafapassocordone: 0-2

Fucense Trasacco: A. Scognamiglio, Venditti, Scancella, Capaldi (45'st Esposito), D'Amico, Idrofano, Abagnale (19'st Ferrazza), Santucci, Curri, Angelini (9'st Grande), Cancelli. **All.** Gallese. **Scafapassocordone:** Rosano, Amicone, Zaccagnini, Fayinkeh, Sciarretta, Silvaggi, Giusti (27'st Di Fabio), Pastore (35'st Odoardi), Cesarone, Antonacci (48'st Polidoro), Di Giampaolo (29'st Allegro). **All.** De Melis. **Arbitro:** Pietro Sivilli di Chieti. **Assistenti:** Gjuliano Dodani e Emanuele Torrelli di Avezzano. **Reti:** *5'st e 17'st Antonacci.* **Note:** ammoniti Sciarretta (S), Santucci (F), Cesarone (S), Capaldi (F), Ferrazza (F).

Hatria-Luco Calcio: 2-0

Hatria: D'Andrea, Pereyro, Manco, Ceccani, Mastramico, Marotta, Assogna (34'st Novello), Della Sciucca, Carpegna (16'st Quadrini), Di Niso (34'st Mboup), Sabir Belaich. **All.** Reitano. **Luco Calcio:** Dell'Unto, Bayad, Mencarini, Shero, Ciocci (28'st Di Virgilio), Villa, Battista, Secondo, Hati, Briciu, Akourou (33'pt Fantozzi). **All.** Rocchi. **Arbitro:** Nicolò Torricella di Vasto. **Assistenti:** Francesco Giuseppe Saltarella di Lanciano e Stefano Brandimarte di Lanciano. **Reti:** *19'pt Sabir Belaich, 7'st Carpegna.* **Note:** espulso al 44'st Amanzi (L) per proteste; ammoniti Villa (L), Akourou (L), Manco (H), Briciu (L), Mastramico (H), Pereyro (H), Marotta (H), Ciocci (L), Di Niso (H), Della Sciucca (H).

Pucetta-Real C. Guardia Vomano: 4-1

Pucetta: Brassetti, Boukrhais, Tavani, M. Tuzi, Di Marco, A. Tuzi, Carosone (44'st M. Graziani), Mattei (15'st Pascucci), Da Conceiçao Pinto (35'st Rametta), Theodoro De Almeida, Bernabale (15'st Federici). **All.** Giannini. **Real C. Guardia Vomano:** D'Andrea, Spinosi (45'pt Arrighetti), Selmanaj (15'st Nardi), Di Giacinto, Di Gianluca, Forcellese (38'st Giovannone), Petrucci, Foglia, Bizzarri, Cascioli (9'st Gardini), Bala (42'st Carusi). **All.** Evangelisti. **Arbitro:** Nicola Saraceni di Vasto. **Assistenti:** Michelangelo Longo di Chieti e Francesco De Santis di Avezzano. **Reti:** *28'pt Bizzarri (R), 29'pt Carosone (P), 42'pt M. Tuzi (P), 33'st Theodoro De*

Almeida (P), 48'st Rametta (P). **Note:** ammoniti Forcellese (R), Theodoro De Almeida (P), Bizzarri (R), Di Marco (P).

San Gregorio-San Benedetto Venere: 1-1

San Gregorio: Di Casimiro, M. Di Alessandro, Rampini, D. Di Alessandro (34'st Bravoco), Ricci, Romano, Magistro, Nanni, I. Anaya Ruiz, Mazzaferro, Antonacci. **All.** Rotili. **San Benedetto Venere:** Bassi, Cipriani, Di Vittorio (17'st Gramegna), Liberati, Zarini, Severini, Ettorre (31'st Del Vecchio), Di Pietro (38'st Migliori), Mancini (31'st G. Cordischi), Catalli, Zazzara. **All.** B. Di Genova. **Arbitro:** Manuel Franchi di Teramo. **Assistenti:** Stefano Coccagna e Felice Mazzocchetti di Teramo. **Reti:** *18pt Catalli (SBV), 38'pt Magistro (SG).* **Note:** ammoniti Nanni (SG), I. Anaya Ruiz (SG), Mazzaferro (SG), Severini (SBV), Liberati (SBV), Catalli (SBV).

Tagliacozzo-Pizzoli: 2-1

Tagliacozzo: Tershalla, Paolucci, De Luca, Corazza, Rossi, Tabacco, V. Di Rocco, Sefgjini (41'st Panella), Crescimbeni (50'st Panichi), Torturo, Silvestri (24'st Di Matteo). **All.** Mazzei. **Pizzoli:** Muscato, Ponzi (4'st Patrizi), Tinari, M. Montorselli (35'st Salvati), Grasso, Mazza, S. Montorselli (23'st Marini), Passacantando, Piri (19'st Arciprete), V. Di Lillo, D'Agostino. **All.** Rainaldi. **Arbitro:** Matteo Sacripante di Teramo. **Assistenti:** Matteo Corradi di Avezzano e Francesco Di Marte di Teramo. **Reti:** *2'st Corazza (T), 29'st Torturo (T), 31'st Arciprete (P).* **Note:** espulsi al 34'st Silvestri (T) e al 52'st Marini (P) per proteste; ammoniti Rossi (T), Torturo (T), Grasso (P), De Luca (T), Crescimbeni (T), Silvestri (P), Di Matteo (T).

GIUDICE SPORTIVO

Due gare: P. Amanzi (Luco Calcio), C. Silvestri (Tagliacozzo), E. Marini (Pizzoli); **una gara:** L. Ferrazza (Fucense Trasacco), L. Pereyro (Hatria), A. Ciocci (Luco Calcio), B. Di Battista (Tornimparte 2002)

11ª GIORNATA – domenica 27 novembre 2022

Luco Calcio-Amiternina	1-1
Montorio 88-San Gregorio	2-2
Pizzoli-Celano	1-3
Real C. Guardia Vomano-Hatria	3-0
San Benedetto Venere-Pucetta	3-0
Scafapassocordone-Tagliacozzo	3-1
Tornimparte 2002-Fucense Trasacco	3-1

Luco Calcio-Amiternina: 1-1

Luco Calcio: Dell'Unto, Bayad, Mencarini, Cinquegrana, R. Venditti, Shero, Briciu, Battista (17'st Shala), Pergolini (45'st Hati), Secondo, Di Virgilio. **All.** Rocchi. **Amiternina:** D'Angelo, Paolucci, Lepidi (32'st Vasi), Gentile, Traoré Traoré, Herrera Afonso, Sebastiani, Bizzini, Del Pinto, Linares Robles, Carrozzi. **All.** Di Felice. **Arbitro:** Nicola De Iuliis di Lanciano. **Assistenti:** Steven Terrenzi di Pescara e Antonio Bruno di Lanciano. **Reti:** *22'pt Bayad (L), 40'st Del Pinto (A).* **Note:** espulso al 48'st Cinquegrana (L) per proteste; ammoniti Pergolini (L), Shero (L), Bayad (L), Secondo (L), Cinquegrana (L).

Montorio 88-San Gregorio: 2-2

Montorio 88: Rapagnani, Maselli, Monaco, Ndoye, Salvi, Gridelli, Mosca, Di Sante, Ridolfi, Giancarli (32'st Fall), Leonzi (46'st Fulvi). **All.** Cipolletti. **San Gregorio:** Di Casimiro, Di Francesco (16'st Rampini), Marchetti (16'st M. Di Alessandro), D. Di Alessandro, Ricci, Romano, Magistro, Nanni (27'st Bravoco), I. Anaya Ruiz, Mazzaferro (33'st Felline), Galassi (27'st Antonacci). **All.** Rotili. **Arbitro:** Mattia Buzzelli di Avezzano. **Assistenti:** Gjuliano Dodani e Emanuele Torrelli di Avezzano. **Reti:** *17'pt Ridolfi (M), 35'pt e 35'st I. Anaya Ruiz (S), 10'st Monaco (M).* **Note:** espulso al 49'st Ricci (S) per condotta violenta; ammoniti Maselli (M), Romano (S).

Pizzoli-Celano: 1-3

Pizzoli: Muscato, Grasso, Ponzi, Annunziata (15'st Arciprete), Rugani, Mazza, Patrizi, Passacantando, Piri, V. Di Lillo, Tinari. **All.** Rainaldi. **Celano:** Santoro, Di Fabio, Mione, Paneccasio, Villa, Tabacco, M. D'Amore, Kras, Bentivoglio (17'pt D'Agostini), Mercogliano (31'st Albertazzi), Di Giovambattista. **All.** Iodice. **Arbitro:** Michele Ciannarella di Pescara. **Assistenti:** Alessio Di Santo di Sulmona e Marco Gravina di Pescara. **Reti:** *6'pt Mercogliano (C), 23'pt Paneccasio (C), 32'pt Di Giovambattista (C), 2'st su rigore Piri (P).* **Note:** espulso al 40'st Mazza (P) per somma di ammonizioni; ammoniti M. D'Amore (C), Di Fabio (C), Tabacco (C), Tinari (P), Ponzi (P).

Real C. Guardia Vomano-Hatria: 3-0

Real C. Guardia Vomano: D'Andrea, Spinosi, Petrucci (37'st Carusi), Di Gianluca, Di Giovanni, Forcellese, Bala (25'st Cacciola), Di Giacinto (34'st

Foglia), Gardini (41'st Arrighetti), Cascioli (14'st Bizzarri), Selmanaj **All.** Evangelisti. **Hatria:** D'Andrea, Assogna (20'st Novello), Manco, Ceccani, Mastramico, Marotta, Sabir Belaich (20'st Renzetti), Tancini De Almeida, Carpegna (1'st Della Sciucca), Di Niso, Quadrini (37'st Zippilli). **All.** Reitano. **Arbitro:** Pierpaolo Costantini di Pescara. **Assistenti:** Stefano Coccagna e Gianmarco Di Filippo di Teramo. **Reti:** *19'pt Cascioli, 32'pt su rigore e 32'st Gardini.* **Note:** espulsi al 20'pt Reitano (H) e al 29'pt Mastramico (H) per proteste; ammoniti Ceccani (H), Forcellese (R), Petrucci (R), Di Gianluca (R), Marotta (H), Di Giovanni (R).

San Benedetto Venere-Pucetta: 3-0

San Benedetto Venere: Bassi, Cipriani, Di Vttorio, Liberati, Zarini, Severini, Ettorre (32'st G. Cordischi), Migliori (32'st Di Pietro), Mancini (27'st L. Di Genova), Catalli (37'st Di Pippo), Del Vecchio (27'st Zazzara). **All.** B. Di Genova. **Pucetta:** Brassetti, Boukhrais, Tavani, M. Tuzi, Di Marco, A. Tuzi, Carosone (37'st Costantini), Mattei (20'st Pascucci), Da Conceiçao Pinto, Theodoro De Almeida, Bernabale (25'st A. Graziani). **All.** Giannini. **Arbitro:** Matteo Sacripante di Teramo. **Assistenti:** Angelo Ciocca e Matteo Leli dell'Aquila. **Reti:** *27'pt Catalli, 1'st e 26'st Ettorre.* **Note:** ammoniti Tavani (P), A. Tuzi (P), Mancini (S).

L'ingresso in campo di squadre e terna arbitrale

Scafapassocordone-Tagliacozzo: 3-1

Scafapassocordone: Rosano, Amicone (44'pt Castellucci), Zaccagnini, Fayinkeh, Sciarretta (22'pt Pastore), Silvaggi, Pizzola, Giusti, Cesarone (20'st Di Fabio), Antonacci (33'st Allegro), Cissé (38'st Di Giampaolo). **All.** De Melis. **Tagliacozzo:** Tershalla, Paolucci, Di Giuseppe, Corazza, Rossi (20'st Capodacqua), Tabacco, V. Di Rocco, Sefgjini (38'st Di Matteo), Crescimbeni, Torturo, De Roccis. **All.** Mazzei. **Arbitro:** Giammarco Cianca dell'Aquila. **Assistenti:** Giulio Basile di Chieti e Cristian Di Tondo di Lanciano. **Reti:** *17'pt autorete (T), 23'st, 28'st e 36'st Cissé (S).* **Note:** espulso al 37'st Sciarretta (S) per proteste; ammoniti Di Giuseppe (T), Cissé (S), Sefgjini (T), Rossi (T), Silvaggi (S), De Roccis (T).

Tornimparte 2002-Fucense Trasacco: 3-1

Tornimparte 2002: Ludovisi, Rovo (46'st Cappella), Carducci, Di Marzio, Andreassi, M. Miocchi, Civic (35'st Lorenzo Sanderra), Cicchetti, L. Paiola (28'st Pokou), A. Miocchi, M. Paiola (30'st Spagnoli). **All.** Luca Sanderra. **Fucense Trasacco:** A. Scognamiglio, Fellini, Venditti, D'Alessio (1'st Angelini, 11'st Kone), D'Amico, Idrofano, Abagnale (1'st Grande), Santucci, Curri, Capaldi, Cancelli. **All.** Gallese. **Arbitro:** Francesco Colanzi di Lanciano. **Assistenti:** Alessio Aloisi e Pavel Babicenco dell'Aquila. **Reti:** *10'pt M. Paiola (T), 41'pt e 25'st L. Paiola (T), 47'st Curri (F).* **Note:** ammoniti Civic (T), Abagnale (F).

GIUDICE SPORTIVO

Due gare: C. Mastramico (Hatria), C. Cinquegrana (Luco Calcio); **una gara:** M. Mazza e G. Tinari (Pizzoli), P. Sciarretta (Scafapassocordone), D. Ricci (San Gregorio), E. Forcellese (Real C. Guardia Vomano)

12ª GIORNATA – sabato 3 dicembre 2022

Amiternina-Real C. Guardia Vomano	**0-1**
Celano-Scafapassocordone	**3-1**
Fucense Trasacco-Luco Calcio	**2-1**
Hatria-San Benedetto Venere	**1-1**
Pizzoli-Montorio 88	**0-2**
Pucetta-San Gregorio	**1-3**
Tagliacozzo-Tornimparte 2002	**0-4**

Amiternina-Real C. Guardia Vomano: 0-1

Amiternina: D'Angelo, Fischione (26'st Vasi), Lepidi (20'st Espada Goya), Paolucci, Traoré Traoré, Herrera Afonso, Sebastiani, Bizzini, Del Pinto (32'st Gentile), Linares Robles, Carrozzi. **All.** Di Felice. **Real C. Guardia Vomano:** D'Andrea, Petrucci, Nardi, Di Gianluca, Di Giovanni, Spinosi, Bala (42'st Santone), Di Giacinto, Gardini, Cascioli (47'st Reginelli), Selmanaj (21'st Arrighetti). **All.** Evangelisti. **Arbitro:** Matteo Lanconelli di Avezzano.

Assistenti: Gjuliano Dodani e Emanuele Torrelli di Avezzano. **Rete:** *44'pt Gardini.* **Note:** ammoniti Linares Robles (A), Di Giovanni (R), Gardini (R), Spinosi (R), Bizzini (A).

Celano-Scafapassocordone: 3-1

Celano: Santoro, Scolari, Mione, Paneccasio, Villa, Tabacco, M. D'Amore (48'st Pierleoni), Kras, Fidanza (1'st D'Agostini), Mercogliano, Di Giovambattista. **All.** Iodice. **Scafapassocordone:** Rosano (38'st Fiore), Pastore (37'st Di Giampaolo), Zaccagnini, Fayinkeh, Silvaggi, Troiano, Castellucci (38'st Di Fabio), Giusti, Cesarone (38'st Traoré), Pizzola, Cissé. **All.** De Melis. **Arbitro:** Matteo Sacripante di Teramo. **Assistenti:** Alessio Aloisi e Pavel Babicenco dell'Aquila. **Reti:** *16'pt Mercogliano (C), 9'st su rigore Pizzola (S), 14'st M. D'Amore (C), 26'st Di Giovambattista (C).* **Note:** espulsi al 12'st Iodice (C) e al 18'st Mercogliano (C) per proteste, al 18'st Cissé (S) per condotta violenta; ammoniti Pastore (S), D'Agostini (C), Giusti (S), M. D'Amore (C).

Le due squadre schierate a centrocampo prima del via

Fucense Trasacco-Luco Calcio: 2-1

Fucense Trasacco: Di Domenico, Martinelli, Fellini, Capaldi, D'Amico, Venditti, Cancelli, Santucci, Curri (32'st De Carolis), Bisegna (46'st Idrofano), Angelucci (9'st Ferrazza). **All.** Gallese. **Luco Calcio:** Dell'Unto (16'st F. Venditti), Villa Mastroianni, Shero, R. Venditti, Mencarini, Briciu, Secondo, Pergolini (16'st Paolini), Torturo, Di Virgilio. **All.** Rocchi. **Arbitro:** Niko Pellegrino di Teramo. **Assistenti:** Felice Mazzocchetti e Mattia Mattucci di Teramo. **Reti:** *9'pt Bisegna (F), 15'pt su rigore Curri (F), 2'st R. Venditti (L).* **Note:** ammoniti Briciu (L), Shero (L), Fellini (F).

Hatria-San Benedetto Venere: 1-1

Hatria: D'Andrea, Pereyro, Manco, Ceccani, Tancini De Almeida, A. Percuoco, Sabir Belaich (48'st Pavone), Della Sciucca, Quadrini (25'st

Carpegna), Novello, Assogna (40'st Marotta). **All.** Reitano. **San Benedetto Venere:** Bassi, Cipriani, Di Vittorio, Liberati (15'st L. Di Genova), Zarini, Severini, Ettorre (21'pt Zazzara), Di Pietro (40'st Migliori), Mancini, Catalli, G. Cordischi (15'st Del Vecchio). **All.** B. Di Genova. **Arbitro:** Simone Spadaccini di Chieti. **Assistenti:** Nicola De Ortentiis e Steven Terrenzi di Pescara. **Reti:** *9'pt Assogna (H), 21'st Zazzara (S).* **Note:** ammoniti Ettorre (S), Liberati (S), Quadrini (H), Novello (H), Pereyro (H).

Pizzoli-Montorio 88: 0-2

Pizzoli: Muscato, Grasso, Ponzi, Serpetti (36'st Di Stefano), Rugani, S. Montorselli, D'Agostino, Passacantando, Piri, V. Di Lillo, Arciprete (32'st Salvati). **All.** Rainaldi. **Montorio 88:** Rapagnani, Giovannone, Monaco (1'st Maselli), Ndoye, Gridelli, Urbani (45'st Giancarli), Mosca, Di Sante, Ridolfi (45'st Salvi), Fulvi (16'st Chiacchiarelli), Leonzi (20'st Natale). **All.** Cipolletti. **Arbitro:** Vincenzo De Santis di Avezzano. **Assistenti:** Antonella La Torre di Chieti e Francesco Giuseppe Saltarella di Lanciano. **Reti:** *16'pt Ridolfi, 10'st Fulvi.* **Note:** espulso al 20'st Rapagnani (M) per fallo da ultimo uomo; ammoniti D'Agostino (P), Serpetti (P), Maselli (M).

Pucetta-San Gregorio: 1-3

Pucetta: Brassetti, Boukrhais, Tavani, M. Tuzi, Di Marco, A. Tuzi, Carosone, Pascucci (17'st Marianella), Mattei (17'st Da Conceiçao Pinto), Theodoro De Almeida, Bernabale (33'st A. Graziani). **All.** Giannini. **San Gregorio:** Di Casimiro, M. Di Alessandro, Rampini, D. Di Alessandro, Bravoco, Romano, Magistro (21'st Florindi), Nanni, I. Anaya Ruiz (42'st Felline), Mazzaferro (38'st J. Anaya Ruiz), Galassi (36'st Di Cesare). **All.** Rotili. **Arbitro:** Asia Armaroli di Teramo. **Assistenti:** Angelo Leone e Alessio Di Santo di Sulmona. **Reti:** *4'st e 10'st I. Anaya Ruiz (S), 34'st M. Di Alessandro (S), 44'st Carosone (P).* **Note:** ammoniti Carosone (P), Bravoco (S), Theodoro De Almeida (P), Boukhrais (P).

Tagliacozzo-Tornimparte 2002: 0-4

Tagliacozzo: Piras, Paolucci (2'st Di Giuseppe), Di Matteo (2'st Giordani), Corazza, Rossi (20'st Panella), Tabacco, V. Di Rocco, Sefgjini, Crescimbeni, De Roccis, De Luca (31'st D. Di Rocco). **All.** Mazzei. **Tornimparte 2002:** Ludovisi, Rovo, Civic (31'st Carducci), Di Marzio, Andreassi (41'st Ciotti), Di Battista, M. Miocchi, Cicchetti, L. Paiola (33'st Pokou), A. Miocchi (33'st Coletti), M. Paiola (25'st Spagnoli). **All.** Luca Sanderra. **Arbitro:** Nicola Saraceni di Vasto. **Assistenti:** Francesco Di Marte e Igor Ciprietti di Teramo. **Reti:** *33'pt e 1'st A. Miocchi, 32'st Cicchetti, 48'st Pokou.* **Note:** ammoniti Crescimbeni (Ta), M. Miocchi (To), De Roccis (Ta), Di Battista (To).

GIUDICE SPORTIVO

Una gara: N. Mercogliano (Celano), C. Liberati (San Benedetto Venere), M. Cissè (Scafapassocordone), D. Rapagnani (Montorio 88), D. Crescimbeni (Tagliacozzo)

13ª GIORNATA – domenica 11 dicembre 2022

Luco Calcio-Tagliacozzo	**4-1**
Montorio 88-Pucetta	**2-1**
Real C. Guardia Vomano-Fucense Trasacco	**1-2**
San Benedetto Venere-Amiternina	**3-3**
San Gregorio-Hatria	**3-0**
Scafapassocordone-Pizzoli	**0-1**
Tornimparte 2002-Celano	**1-0**

Luco Calcio-Tagliacozzo: 4-1

Luco Calcio: F. Venditti, Ciocci, Mencarini, Shero, R. Venditti, Esposito (28'st Mastroianni), Briciu, Di Francescantonio (43'st A. Angelucci), Nazzicone (35'st Secondo), Torturo, Di Virgilio (41'st Pergolini). **All.** Rocchi. **Tagliacozzo:** Oddi Oddi, Giordani (21'st Di Matteo), Di Giuseppe (1'st Paolucci), Corazza, Rossi, Tabacco, V. Di Rocco, Sefgjini, Tullio, Silvestri (35'st Di Giovanni), De Luca (35'st Salvi). **All.** Mazzei. **Arbitro:**  Manuel Franchi di Teramo. **Assistenti:** Alessio Aloisi e Mario Pace dell'Aquila. **Reti:** *15'pt su rigore e 38'st Di Virgilio (L), 40'pt Nazzicone (L), 7'st V. Di Rocco (T), 27'st Briciu (L).* **Note:** espulso al 25'st Corazza (T) per somma di ammonizioni; ammoniti De Luca (T), Ciocci (L), Sefgjini (T).

Montorio 88-Pucetta: 2-1

Montorio 88: Angelozzi, Giovannone, Ndoye, Urbani, Gridelli, Di Sante, Mosca, Giancarli, Ridolfi (48'st Salvi), Chiacchiarelli (27'st Fulvi), Leonzi (34'st Monaco). **All.** Cipolletti. **Pucetta:** Brassetti, Di Marco, Boukhrais, M. Tuzi, Castellani, A. Tuzi (31'st Pascucci), Carosone (42'st Costantini), Marianella (31'st A. Graziani), Da Conceiçao Pinto, Theodoro De Almeida, Tavani. **All.** Giannini. **Arbitro:** Pierpaolo Costantini di Pescara. **Assistenti:** Bryan Perfetto e Leonardo Candeloro di Pescara. **Reti:** *45'pt su rigore Mosca (M), 33'st Ridolfi (M), 48'st Di Marco (P).* **Note:** ammoniti Angelozzi (M),

Carosone (P), Theodoro De Almeida (P), Gridelli (M), A. Tuzi (P). Chiacchiarelli (M), Monaco (M).

Real C. Guardia Vomano-Fucense Trasacco: 1-2

Real C. Guardia Vomano: D'Andrea, Petrucci, Nardi, Di Gianluca, Di Giovanni, Spinosi, Bala (35'st Carusi), Di Giacinto, Gardini (25'st Di Bonaventura), Cascioli (16'st Trento), Selmanaj (11'st Arrighetti). **All.** Evangelisti. **Fucense Trasacco:** A. Scognamiglio, Martinelli, Venditti, Capaldi, D'Amico, Idrofano, Angelucci (1'st Rametta), Santucci, Curri, Bisegna, De Carolis. **All.** Gallese. **Arbitro:** Giammarco Cianca dell'Aquila. **Assistenti:** Jacopo Salera di Avezzano e Mirko Di Pietro di Pescara. **Reti:** *15'pt su rigore De Carolis (F), 24'pt su rigore Gardini (R), 3'st D'Amico (F).* **Note:** ammoniti Venditti (F), Petrucci (R), De Carolis (F), Di Gianluca (R), Morilli(F), Di Giacinto (R), Curri (F).

San Benedetto Venere-Amiternina: 3-3

San Benedetto Venere: Bassi, Cipriani, Di Vittorio, Di Pietro (5'st D'Agostino), Zarini (38'st Di Panfilo), Severini, Migliori, Del Vecchio, Zazzara (31'pt Mancini), Catalli, G. Cordischi (34'st Ettorre). **All.** B. Di Genova. **Amiternina:** D'Angelo, Paolucci (25'st Carrozzi), Fischione, Linares Robles, Traoré Traoré (1'st Gentile), Herrera Afonso, Lepidi, Bizzini, Del Pinto, Sebastiani (48'st Angelone), Vasi. **All.** Di Felice. **Arbitro:** Pietro Sivilli di Chieti. **Assistenti:** Samuele Sablone di Pescara e Pierpaolo Monaco di Chieti. **Reti:** *20'pt Sebastiani (A), 36'st Linares Robles (A), 10'st su rigore e 51'st su rigore Catalli (S), 14'st D'Agostino (S), 25'st Del Pinto (A).* **Note:** espulso al 43'st Carrozz (A) per somma di ammonizioni; ammoniti Del Vecchio (S), Lepidi (A), Paolucci (A), D'Angelo (A), D'Agostino (S), Catalli (S).

San Gregorio-Hatria: 3-0

San Gregorio: Di Casimiro, Di Francesco (1'st Galassi), Rampini, M. Di Alessandro, Ricci (37'st Bravoco), Romano, Florindi, Nanni (42'st Marchetti), I. Anaya Ruiz (44'st J. Anaya Ruiz), Mazzaferro (21'st Menegussi), D. Di Alessandro. **All.** Rotili. **Hatria:** D'Andrea, Pereyro, Manco, Della Sciucca, Tancini De Almeida, A. Percuoco, Zippilli, Di Niso (30'st F. Percuoco), Carpegna (8'st Marotta), Sabir Belaich (42'st Mboup), Quadrini. **All.** Reitano.

La squadra del San Gregorio

Arbitro: Matteo Lanconelli di Avezzano. **Assistenti:** Valerio Castellani e Lorenzo Palleschi di Avezzano. **Reti:** *30'pt Mazzaferro, 36'st Menegussi, 48'st J. Anaya Ruiz.* **Note:** ammoniti

Scafapassocordone-Pizzoli: 0-1

Scafapassocordone: Fiore, Allegro, Zaccagnini, Fayinkeh, Sciarretta, Silvaggi, Giusti (25'st Di Fabio), Pastore, Pizzola (25'st Traoré), D'Ancona, Castellucci (10'st Odoardi). **All.** De Melis. **Pizzoli:** Muscato, Annunziata, Tinari, S. Montorselli (16'st Salvati), Ponzi, Rugani, Marini (47'st Di Stefano), Passacantando, Piri (22'st Arciprete), V. Di Lillo, D'Agostino. **All.** Rainaldi. **Arbitro:** Alessio Paolini di Chieti. **Assistenti:** Francesco Di Marte e Stefano Coccagna di Teramo. **Rete:** *41'st Tinari.* **Note:** espulso al 48'st Arciprete (P) per somma di ammonizioni; nessun ammonito.

Tornimparte 2002-Celano: 1-0

Tornimparte 2002: Ludovisi, Rovo, Parisi, Civic (7'st Di Marzio), Andreassi (21'st Di Girolamo), Di Battista, M. Miocchi (42'st Lorenzo Sanderra), Cicchetti, L. Paiola (47'st Pokou), A. Miocchi (41'st Coletti), M. Paiola. **All.** Luca Sanderra. **Celano:** Santoro, Scolari, Mione, Paneccasio, Villa, Tabacco, M. D'Amore, D'Agostini, Kras (47'st Albertazzi), Pollino, Di Giovambattista. **All.** Iodice. **Arbitro:** Asia Armaroli di Teramo. **Assistenti:** Stefano Brandimarte e Gianmarco Di Filippo di Teramo. **Rete:** *33'st su rigore M. Miocchi.* **Note:** ammoniti Cicchetti (T), A. Miocchi (T), D'Agostini (C), Di Marzio (T), Tabacco (C), Paneccasio (C).

Fine partita di festa per la squadra locale, reduce dal prezioso successo conquistato ai danni del quotato Celano

GIUDICE SPORTIVO

Una gara: D. Carrozzi e D. Paolucci (Amiternina), A. Percuoco (Hatria), A. Arciprete (Pizzoli), M. Corazza (Tagliacozzo), A. Tuzi (Pucetta), G. Catalli (San Benedetto Venere), M. Di Giacinto (Real C. Guardia Vomano)

14ª GIORNATA – sabato 14 gennaio 2023

Luco Calcio-Celano	**0-2**
Montorio 88-Scafapassocordone	**2-1**
Pucetta-Hatria	**1-0**
Real C. Guardia Vomano-Tagliacozzo	**3-0**
San Benedetto Venere-Fucense Trasacco	**1-2**
San Gregorio-Amiternina	**0-1**
Tornimparte 2002-Pizzoli	**2-1**

Luco Calcio-Celano: 0-2

Luco Calcio: F. Venditti, Ciocci, Mencarini, Cinquegrana (22'st Marini), R. Venditti, Esposito, Briciu (30'st Nazzicone), Shero (41'st Paolini), Diouf, Torturo, Di Virgilio. **All.** Rocchi. **Celano:** Mastronardi, Scolari, Mione, Paneccasio, Di Fabio, Tabacco, M. D'Amore (26'st Di Giovambattista), Kras, Bruni, Mercogliano (13'st Di Gaetano, 39'st G. D'Amore), Calderaro (29'st Albertazzi). **All.** Iodice. **Arbitro:** Michele Ciannarella di Pescara. **Assistenti:** Matteo Corradi di Avezzano e Mattia Mattucci di Teramo. **Reti:** *32'pt Bruni, 21'st Di Gaetano.* **Note:** espulso al 48'st Pergolini (L) per proteste; ammoniti Esposito (L), Tabacco (C), Cinquegrana (L), R. Venditti (L), Mione (C), Briciu (L), Ciocci (L).

In alto, una fase del match; a sinistra: il saluto tra le due squadre prima dell'ingresso in campo

Montorio 88-Scafapassocordone: 2-1

Montorio 88: Rapagnani, Giovannone, Ndoye (1'st Giancarli), Fall, Gridelli (11'st Urbani), Di Sante, Mosca, Fulvi (1'st Maselli), Ridolfi, Chiacchiarelli (39'st Salvi), Leonzi. **All.** Cipolletti.
Scafapassocordone: Rosano, Giusti, Zaccagnini (11'pt Sciarretta), Fakynkeh, Silvaggi, Troiano (39'st Colangelo), Di Fabio, Pastore (22'st Cissé), Cesarone (22'st Castellucci), Yuda Canela, Graf (23'st Traoré). **All.** De Melis. **Arbitro:** Vincenzo De Santis di Avezzano. **Assistenti:** Michelangelo Longo di Chieti e Francesco Giuseppe Saltarella di Lanciano. **Reti:** *30'pt Fulvi (M), 25'st Yuda Canela (S), 35'st Chiacchiarelli (M).* **Note:** espulsi al 26'st Fiore (S) per proteste e al 38'st Fayinkeh (S) per condotta violenta; ammoniti Pastore (S), Gridelli (M), Troiano (S), Traoré (S), Sciarretta (S), Ridolfi (M).

Alcune fasi di gioco del concitato confronto tra i padroni di casa del Montorio 88 e i pescaresi di mister De Melis

Pucetta-Hatria: 1-0

Pucetta: Colella, Boukhrais, Tavani, M. Tuzi, Castellani, Di Marco, Carosone (24'st Dos Reis Viegas), Marianella (31'st Mattei), Da Conceiçao Pinto (31'st M. Graziani), Theodoro De Almeida (35'st Pascucci), Bernabale (43'st Federici). **All.** Giannini. **Hatria:** D'Andrea, Pavone, Pereyro (20'st Quadrini), Ceccani, Mastramico, Marotta (23'st Ruiz Paez), Sabir Belaich (45'st Boccabella), Tancini De Almeida (30'st Della Sciucca), F. Percuoco (34'st Renzetti), Perez, Assogna. **All.** Reitano. **Arbitro:** Nicola Saraceni di

Vasto. **Assistenti:** Alessandro Fusella di Chieti e Flaminia Di Gregorio di Sulmona. **Rete:** *11'pt su rigore Theodoro De Almeida.* **Note:** ammoniti Pereyro (H), Castellani (P), M. Tuzi (P), Ruiz Paez (H), Marianella (P), Colella (P).

Tre diversi momenti del combattuto match che ha messo di fronte gli aquilani di Giannini alla squadra targata Reitano

Real C. Guardia Vomano-Tagliacozzo: 3-0

Real C. Guardia Vomano: D'Andrea, Petrucci, Nardi, Di Bonaventura, Di Giovanni, Forcellese (16'st Spinosi), Bala, Di Gianluca (38'st Reginelli), Gardini (32'st Trento), Cascioli (23'st Carusi), Selmanaj (8'st Arrighetti). **All.** Evangelisti. **Tagliacozzo:** Oddi Oddi, Blasetti (43'st Paolucci), Di Giuseppe, Rosati, D. Di Rocco, Tabacco, Rossi, V. Di Rocco, Tullio (35'st De Luca), Silvestri (38'st Di Giovanni), Sefgjini. **All.** Mazzei. **Arbitro:** Pierluigi De Luca di Pescara. **Assistenti:** Davide Ottavi e Alessandro Fazzini di Teramo. **Reti:** *20'pt su rigore e 23'pt Gardini, 25'pt Selmanaj.* **Note:** ammoniti Rosati (T), De Luca (T), Rossi (T), D. Di Rocco (T).

San Benedetto Venere-Fucense Trasacco: 1-2

San Benedetto Venere: Bassi, Cipriani, Di Vittorio (1'st Di Pietro), Liberati (19'st Del Vecchio), Zarini, Severini, Ettorre, D'Agostino, Mancini (19'st L. Di Genova), Fidanza (23'st G. Cordischi), Migliori. **All.** B. Di Genova. **Fucense Trasacco:** Di Domenico, De Foglio (32'st Martinelli), Venditti (42'st Kone), Santucci, D'Amico, Idrofano, Cancelli, Capaldi, Curri (30'st De Carolis), Bisegna, Angelucci (25'st Rametta). **All.** Gallese. **Arbitro:** Niko Pellegrino di Teramo. **Assistenti:** Pavel Babicenco e Alessio Aloisi dell'Aquila. **Reti:** *25'pt Capaldi (F), 28'st Ettorre (S), 51'st De Carolis (F)*. **Note:** espulso al 39'st L. Di Genova (S) per condotta violenta; ammoniti Severini (S), Venditti (F), Zarini (S), Cancelli (F), Cordischi (S), De Carolis (F).

San Gregorio-Amiternina: 0-1

San Gregorio: Meo, M. Di Alessandro (50'st Magistro), Rampini (27'st Barretta), Florindi, Ricci, Romano, Maisto (1'st Marchetti), Nanni (23'st Bravoco), Menegussi, Mazzaferro (35'st Felline), D. Di Alessandro. **All.** Rotili. **Amiternina:** D'Angelo, Traoré Traoré (30'st Centi), Angelone, Lepidi, Gentile, Herrera Afonso, Fischione, Bizzini, Del Pinto, Sebastiani, Vasi (49'st Galeota). **All.** Di Felice. **Arbitro:** Asia Armaroli di Teramo. **Assistenti:** Angelo Leone di Sulmona e Matteo Leli dell'Aquila. **Rete:** *35'pt Del Pinto*. **Note:** espulsi al 7'st Florindi (S) per somma di ammonizioni e al 52'st Menegussi (S) per condotta violenta; ammoniti Angelone (A), Nanni (S), Lepidi (A), Fischione (A), D'Angelo (A).

Tornimparte 2002-Pizzoli: 2-1

Tornimparte 2002: Ludovisi, Rovo, Parisi, Di Marzio, Andreassi (27'st Di Girolamo), Di Battista, Lorenzo Sanderra (47'st Pokou), Cicchetti, L. Paiola, Coletti (27'st M. Miocchi), M. Paiola. **All.** Luca Sanderra. **Pizzoli:** Muscato, Di Cesare (18'st Marini), Di Stefano (21'st Ponzi), M. Montorselli (21'st D'Agostino), Albani, Rugani, Salvati, Passacantando, Piri, V. Di Lillo, Tinari. **All.** Rainaldi. **Arbitro:** Davide Troiani di Pescara. **Assistenti:** Igor Ciprietti e Leonardo Di Egidio di Teramo. **Reti:** *18'pt Andreassi (T), 5'st Piri (P), 14'st L. Paiola (T)*. **Note:** ammoniti Di Battista (T), Piri (P), Lorenzo Sanderra (T), Rugani (P), Di Girolamo (T).

GIUDICE SPORTIVO

Due gare: L. Di Genova (San Benedetto Venere), S. Fiore e M. Fayinkeh (Scafapassocordone); **una gara:** L. Pergolini (Luco Calcio), T. Menegussi, M. Nanni e G. Florindi (San Gregorio), P. Gridelli e W. Ridolfi (Montorio 88), N. De Luca e D. Rossi (Tagliacozzo), Lorenzo Sanderra (Tornimparte 2002)

15ª GIORNATA – domenica 22 gennaio 2023

Amiternina-Pucetta	2-1	8 febbraio
Celano-Real C. Guardia Vomano	3-0	8 febbraio
Fucense Trasacco-San Gregorio	2-2	
Hatria-Montorio 88	2-0	8 febbraio
Pizzoli-Luco Calcio	0-0	
Scafapassocordone-Tornimparte 2002	1-1	
Tagliacozzo-San Benedetto Venere	0-5	

Amiternina-Pucetta: 2-1

Amiternina: D'Angelo, Fischione, Angelone, Centi, Traoré Traoré, Herrera Afonso, Lepidi, Paolucci, Sebastiani, Bizzini, Vasi. **All.** Di Felice. **Pucetta:** Brassetti, Boukhrais, Tavani, M. Tuzi, Castellani, Di Marco (23'st A. Desideri), Bernabale, Pascucci, Da Conceiçao Pinto (32'st Dos Reis Viegas), Theodora De Almeida, Mattei (32'st Paolini). **All.** Giannini. **Arbitro:** Matteo Sacripante di Teramo. **Assistenti:** Gianmarco Cocciolone dell'Aquila e Emanuele Torrelli di Avezzano. **Reti:** *2'st Sebastiani (A), 21'st Mattei (P), 34'st Fischione (A)*. **Note:** ammoniti Boukhrais (P), Bernabale (P), M. Tuzi (P), Bizzini (A).

Celano-Real C. Guardia Vomano: 3-0

Celano: Mastronardi, Micocci, Albertazzi (39'st Ranieri), Kras, Villa, Tabacco, Di Gaetano (30'st Di Giovambattista), Paneccasio (41'st Michetti), Bruni, Mercogliano, M. D'Amore (19'st D'Agostini). **All.** Iodice. **Real C. Guardia Vomano:** D'Andrea, Spinosi (27'st Mattiucci), Petrucci, Di Bonaventura (27'st Vicentini), Di Gianluca, Nardi, Selmanaj (11'st Cascioli), Di Giacinto (39'st Carusi), Gardini (15'st Di Niso), Trento, Bala. **All.** Evangelisti. **Arbitro:** Giammarco Cianca dell'Aquila. **Assistenti:** Diana Di Meo e Steven Terrenzi di Pescara. **Reti:** *33'pt e 7'st Di Gaetano, 10'st autorete*. **Note:** ammonito Tabacco (C).

Fucense Trasacco-San Gregorio: 2-2

Fucense Trasacco: Di Domenico, De Foglio (28'st Martinelli), Venditti, Santucci (35'st De Carolis), D'Amico, Idrofano, Cancelli (44'st Angelini), Capaldi, Curri (21'st Kone), Bisegna, Angelucci (21'st Rametta). **All.** Gallese. **San Gregorio:** Di Casimiro, Di Francesco, M. Di Alessandro, Bravoco, Ricci, Romano, D. Di Alessandro, Nanni, Magistro, Mazzaferro (35'st Felline), Galassi (28'st Rampini). **All.** Rotili. **Arbitro:** Lorenzo Giuliani di Pescara. **Assistenti:** Gianmarco Di Filippo di Teramo e Marco Gravina di Pescara. **Reti:** *44'pt su rigore Nanni (S), 17'st Bisegna (F), 28'st Mazzaferro (S), 49'st su rigore De Carolis (F)*. **Note:** ammoniti M. Di Alessandro (S), Di Domenico (F), Bisegna (F), Di Francesco (S), Capaldi (F), De Carolis (F).

51

Hatria-Montorio 88: 2-0

Hatria: D'Andrea, Assogna (35'st Tancini De Almeida), Pereyro, Ceccani, A. Percuoco, Marotta (46'st Mastramico), Mechiche, Della Sciucca, Novello (46'st Zippilli), Perez (31'st Carpegna), Sabir Belaich (21'st Pavone). **All.** Reitano. **Montorio 88:** Rapagnani, Giovannone (1'st Maselli), Monaco (1'st Leonzi), Ndoye, Gridelli, Fall (20'st Massacci), Mosca, Di Sante (30'st Salvi), Ridolfi (40'st Giancarli), Chiacchiarelli, Fulvi. **All.** Cipolletti. **Arbitro:** Michele Ciannarella di Pescara. **Assistenti:** Francesco Giuseppe Saltarella di Lanciano e Niko Ricci di Chieti. **Reti:** *10'pt Ceccani, 30'st Pavone.* **Note:** ammoniti Della Sciucca (H), Chiacchiarelli (M).

Pizzoli-Luco Calcio: 0-0

Pizzoli: Muscato, Annunziata, Tinari, Passacantando, Ponzi, Rugani, Marini, S. Montorselli, Piri, V. Di Lillo, D'Agostino. **All.** Rainaldi. **Luco Calcio:** F. Venditti, Ciocci, Mencarini (4'st E. Venditti), Cinquegrana (46'st Esposito), R. Venditti, Shero, Paolini, Torturo, Diouf, Cirelli (10'st Briciu), Di Virgilio. **All.** Scatena. **Arbitro:** Nicola Saraceni di Vasto. **Assistenti:** Gjuliano Dodani di Avezzano e Angelo Ciocca dell'Aquila. **Note:** ammoniti R. Venditti (L), S. Montorselli (P), D Virgilio (L).

Scafapassocordone-Tornimparte 2002: 1-1

Scafapassocordone: Rosano, Giusti, Allegro (29'st Zaccagnini), Di Fabio, Silvaggi, Troiano, Traoré, Pastore, Castellucci (19'st Cesarone), Yuda Canela, Cissé (26'st Odoardi). **All.** De Melis. **Tornimparte 2002:** Loporcaro, Rovo, Parisi, Di Marzio, Andreassi, Di Battista, M. Miocchi, Cicchetti, L. Paiola, Coletti (25'st Di Girolamo), M. Paiola (30'st Civic). **All.** Luca Sanderra.

Arbitro: Cristian Di Renzo di Avezzano. **Assistenti:** Pierpaolo Salvati di Sulmona e Emanuele Torrelli di Avezzano. **Reti:** *11'st M. Miocchi (T), 29'st Graf (S).* **Note:** ammoniti Castellucci (S), Rovo (T), Andreassi (T).

Il match di Scafa in tre scatti

Tagliacozzo-San Benedetto Venere: 0-5

Tagliacozzo: Oddi Oddi, D. Di Rocco, Di Giuseppe (28'st Paolucci), Sefgjini, Rosati (28'st Di Giovanni), Tabacco, Blasetti, V. Di Rocco, Tullio, Silvestri (38'st Panella), Crescimbeni (38'st De Roccis). **All.** Mazzei. **San Benedetto Venere:** Bassi, Cipriani (12'st Callocchia), Di Vittorio (43'pt Gramegna), Liberati, Zarini (30'st De Michelis), Severini, Ettorre (12'st Zazzara), Migliori, Fidanza (12'st Di Pippo), Catalli, G. Cordischi. **All.** B. Di Genova. **Arbitro:** Marco Amatangelo di Sulmona. **Assistenti:** Guido Alonzi e Matteo Corradi di Avezzano. **Reti:** *17'pt e 6'st Ettorre, 32'pt Catalli, 26'st Zazzara, 39'st Cordischi.* **Note:** espulso al 38'pt Sefgjini (T) per proteste; ammoniti Crescimbeni (T), Oddi Oddi (T), Di Vittorio (S), Di Pippo (S).

GIUDICE SPORTIVO

Due gare: F. Sefgjini (Tagliacozzo); **una gara:** A. Di Virgilio (Luco Calcio), F. Capaldi (Fucense Trasacco)

16ª GIORNATA – domenica 29 gennaio 2023

Hatria-Amiternina	**2-0**
Luco Calcio-Scafapassocordone	**1-3**
Pucetta-Fucense Trasacco	**1-2**
Real C. Guardia Vomano-Pizzoli	**2-1**
San Gregorio-Tagliacozzo	**2-1**
San Benedetto Venere-Celano	**4-2**
Tornimparte 2002-Montorio 88	**2-0**

Hatria-Amiternina: 2-0

Hatria: D'Andrea, Ruiz Paez, Pereyro, Tancini De Almeida (16'st Della Sciucca), A. Percuoco, Marotta, Quadrini (27'st Novello), Ceccani, Sabir Belaich (30'st Pavone), Perez (44'st Assogna), Mechiche (44'st F. Percuoco). **All.** Reitano. **Amiternina:** D'Angelo, Traoré Traoré, Angelone (17'st Bonifazi), Lepidi, Fischione, Herrera Afonso (27'st Galeota), Vasi (9'st Paolucci), Bizzini, Del Pinto, Sebastiani (30'st Centi), Carrozzi (39'st Gentile). **All.** Di Felice. **Arbitro:** Pierluigi De Luca di Pescara. **Assistenti:** Francesco Di Nardo Di Maio e Matar Diop di Pescara. **Reti:** *32'pt e 34'pt Perez.* **Note:** ammoniti Sebastiani (A), Bizzini (A), Traoré Traoré (A), Marott (H), Fischione (A).

Luco Calcio-Scafapassocordone: 1-3

Luco Calcio: F. Venditti, Ciocci, Paolini, Cinquegrana (33'pt Shero), R. Venditti, Esposito, Briciu, Torturo (39'st Marini), Pergolini (5'st Mencarini), Cirelli, Diouf. **All.** Scatena. **Scafapassocordone:** Rosano, Allegro, Zaccagnini (19'st Colangelo), Di Fabio, Silvaggi, Giusti, Traoré (21'st Graf),

Pastore, Cesarone (1'st Odoardi), Yuda Canela, Cissé. **All.** De Melis.
Arbitro: Giammarco Cianca dell'Aquila. **Assistenti:** Alessio Aloisi
dell'Aquila e Angelo Leone di Sulmona. **Reti:** *2'pt Diouf (L), 15'pt Silvaggi (S),*
30'st Yuda Canela (S), 49'st Di Fabio (S). **Note:** espulso al 14'st Briciu (L) per
somma di ammonizioni; ammoniti Cinquegrana (L), Pastore (S), Ciocci (L),
Giusti (S), Colangelo (S), R. Venditti (L).

Pucetta-Fucense Trasacco: 1-2

Pucetta: Colella, Boukhrais, Tavani, M. Tuzi (30'st Mattei), Castellani, Di
Marco, Bernabale, Marianella, M. Graziani, Theodoro De Almeida, Dos
Reis Viegas (14'st Da Conceiçao Pinto). **All.** Giannini. **Fucense Trasacco:**
Di Domenico, Martinelli, De Foglio, Angelini, Venditti, Idrofano, Cancelli
(35'st Kone), Angelucci, De Carolis (8'st Curri), Bisegna, Rametta (39'pt
Grande). **All.** Gallese. **Arbitro:** Davide Troiani di Pescara. **Assistenti:**
Felice Mazzocchetti e Stefano Coccagna di Teramo. **Reti:** *26'pt Rametta (F),*
26'st Tavani (P), 31'st Curri (F). **Note:** ammoniti Rametta (F), M. Tuzi (P),
Idrofano (F), Colella (P), Angelucci (F), Castellani (P), Angelini (F),
Marianella (P).

Real C. Guardia Vomano-Pizzoli: 2-1

Real C. Guardia Vomano: D'Andrea, Petrucci, Di Gianluca, Di
Bonaventura (48'st Nardi), Di Giovanni, Forcellese, Bala (27'st Santone), Di
Giacinto, Gardini (40'st Trento), Cascioli (20'st Spinosi), Selmanaj (46'st Di
Niso). **All.** Evangelisti. **Pizzoli:** Muscato, Annunziata, Tinari (47'st
Accardo), Passacantando, Ponzi, Rugani, Marini (26'st Di Stefano), S.
Montorselli (8'st Salvati), Piri, Ranalli, D'Agostino. **All.** Rainaldi. **Arbitro:**
Stanislav Ungureanu di Lanciano. **Assistenti:** Marco Gravina e Bryan
Perfetto di Pescara. **Reti:** *23'pt e 18'st Cascioli (R), 27'st Rugani (P).* **Note:**
ammoniti Di Bonaventura (R), Ranalli (P), Gardini (R), Santone (R).

San Gregorio-Tagliacozzo: 2-1

San Gregorio: Meo, M. Di Alessandro (32'st Di Francesco), Marchetti
(21'st Bravoco), Florindi (21'st Magistro), Ricci (23'st Felline), Romano,
Nanni, D. Di Alessandro, Menegussi, Mazzaferro, Galassi (17'st Rampini).
All. Rotili. **Tagliacozzo:** Oddi Oddi, D. Di Rocco, De Luca (35'st Di
Giuseppe), Corazza, Rosati, Tabacco, Blasetti, V. Di Rocco, De Roccis
(19'st Crescimbeni), Silvestri, Rossi (27'st Tullio). **All.** Mazzei. **Arbitro:**
Alessio Paolini di Chieti. **Assistenti:** Francesco Di Marte e Marina
Simonetta Groth di Teramo. **Reti:** *20'pt De Luca (T), 40'pt Ricci (S), 29'st*
Menegussi (S). **Note:** ammoniti Tabacco (T), Blasetti (T), V. Di Rocco (T),
M. Di Alessandro (S).

San Benedetto Venere-Celano: 4-2

San Benedetto Venere: Bassi, Cipriani, Di Vittorio, Liberati, Zarini, Severini, Ettorre, Del Vecchio (19'st Zazzara), Fidanza (19'st G. Cordischi), Catalli, Gramegna (19'st Di Pietro). **All.** B. Di Genova. **Celano:** Santoro (8'st Mastronardi), Scolari (8'st Micocci), Mione, Paneccasio, Di Fabio, Tabacco, M. D'Amore, Kras, Bruni, Di Giovambattista (8'st Mercogliano), Pollino (35'st Di Gaetano). **All.** Iodice. **Arbitro:** Antonio Diella di Vasto. **Assistenti:** Roberto Di Risio e Mara Mainella di Lanciano. **Reti:** *13'pt, 2'st e 43'st Catalli (S), 23'st Bruni (C), 24'st Pollino (C), 46'pt Cordischi (S).* **Note:** ammoniti Cipriani (S), Catalli (S), Pollino (C), Micocci (C), Severini (S).

Giuseppe Catalli con il pallone della tripletta rifilata ai "cugini" marsicani

Tornimparte 2002-Montorio 88: 2-0

Tornimparte 2002: Loporcaro, Rovo, Parisi, Di Marzio, Andreassi, Di Battista, Lorenzo Sanderra (42'st Civic), Cicchetti, L. Paiola (36'st Pokou), M. Miocchi (44'st Coletti), M. Paiola. **All.** Luca Sanderra. **Montorio 88:** Rapagnani, Maselli (1'st Salvi), Monaco (43'st Di Francesco), Ndoye, Gridelli, Giovannone, Mosca, Di Sante, Fulvi, Chiacchiarelli, Fall (1'st Giancarli). **All.** Cipolletti. **Arbitro:** Francesco Di Rocco di Pescara. **Assistenti:** Michelangelo Longo di Chieti e Nicola De Ortentiis di Pescara. **Reti:** *44'pt M. Miocchi, 25'st L. Paiola.* **Note:** ammoniti Ndoye (M), L. Paiola (T), Fulvi (M).

GIUDICE SPORTIVO

Una gara: N. Briciu (Luco Calcio), F. Marotta (Hatria), B. Castellani (Pucetta), M. D'Alessandro (San Gregorio), M. Giusti e G. Pastore (Scafapassocordone)

17ª GIORNATA – sabato 4 febbraio 2023	
Celano-San Gregorio	**1-0**
Fucense Trasacco-Hatria	**0-1**
Montorio 88-Amiternina	**2-0**
Pizzoli-San Benedetto Venere	**0-0**
Scafapassocordone-Real C. Guardia Vomano	**1-1**
Tagliacozzo-Pucetta	**0-2**
Tornimparte 2002-Luco Calcio	**0-1**

Celano-San Gregorio: 1-0

Celano: Mastronardi, Scolari, Micocci (23'st Mione), Paneccasio, Di Fabio, Tabacco, Calderaro (17'st M. D'Amore), Kras, Bruni, Mercogliano (23'st Albertazzi), Pollino (45'pt Di Gaetano). **All.** Iodice. **San Gregorio:** Di Casimiro, Di Francesco (33'st Antonacci), Rampini (39'st Galassi), Bravoco (31'st Marchetti), Ricci, Romano, Nanni, D. Di Alessandro, Menegussi, Mazzaferro, Florindi (29'st Magistro). **All.** Rotili. **Arbitro:** Nicola Saraceni di Vasto. **Assistenti:** Francesco Giuseppe Saltarella di Lanciano e Angelo Leone di Sulmona. **Rete:** *27'st Di Gaetano.* **Note:** ammoniti Micocci (C), Pollino (C), Menegussi (S), Albertazzi (C), Mione (C), Nanni (S).

Fucense Trasacco-Hatria: 0-1

Fucense Trasacco: Di Domenico, Martinelli, De Foglio, Angelini (23'st Kone), Venditti, Idrofano, Cancelli (34'st De Carolis), Capaldi (17'st Panza), Curri, Bisegna, Angelucci. **All.** Gallese. **Hatria:** D'Andrea, Ruiz Paez (4'pt Pavone), Pereyro, Della Sciucca (30'st Tancini De Almeida), Mastramico, A. Percuoco, Mechiche, Ceccani, Novello, Perez (36'st Carpegna), Sabir Belaich (39'pt Quadrini, 45'pt Assogna). **All.** Reitano. **Arbitro:** Giammarco Cianca dell'Aquila. **Assistenti:** Steven Terrenzi e Nicola De Ortentiis di Pescara. **Rete:** *17'st Perez.* **Note:** ammoniti Angelini (F), Novello (H), Perez (H), D'Andrea (H), Venditti (F), Bisegna (F), Angelucci (F), Idrofano (F).

Montorio 88-Amiternina: 2-0

Montorio 88: Rapagnani, Maselli, Monaco (18'st Leonzi), Ndoye, Giovannone, Urbani (26'st Massacci), Mosca (47'st Marini), Di Sante (32'st Salvi), Ridolfi, Chiacchiarelli, Fulvi (37'st Giancarli). **All.** Cipolletti. **Amiternina:** D'Angelo, Traoré Traoré, Angelone, Bizzini (21'st Centi), Gentile, Herrera Afonso, Fischione (18'st Galeota), Paolucci (39'st Ruggeri), Carrozzi (36'st Evangelista), Lepidi (24'st Maurizi), Vasi. **All.** Di Felice. **Arbitro:** Alessandro Piscopiello di Chieti. **Assistenti:** Michelangelo Longo di Chieti e Amedeo Di Nardo Di Maio di Pescara. **Reti:** *33'pt su rigore Mosca, 5'st Ndoye.* **Note:** espulso al 31'pt Gentile (A); ammoniti Ndoye (M), Leonzi (M).

Pizzoli-San Benedetto Venere: 0-0

Pizzoli: Muscato, Annunziata, Tinari, Salvati, Grasso, Rugani, S. Montorselli, Ranalli, Piri (41'st M. Montorselli), V. Di Lillo (28'st Passacantando), D'Agostino. **All.** Rainaldi. **San Benedetto Venere:** Bassi, Cipriani, Del Vecchio (35'st Ettorre), Liberati (22'st D'Agostino), Zarini, Severini, Migliori (22'st L. Di Genova), Di Pietro, Mancini (13'st G. Cordischi), Catalli, Zazzara (13'st Gramegna). **All.** B. Di Genova. **Arbitro:** Pietro Sivilli di Chieti. **Assistenti:** Filippo Cerasi e Francesco Di Marte di Teramo. **Note:** espulso al 38'st Ranalli (P); ammoniti Cocciolone (P), S. Montorselli (P), V. Di Lillo (P), Migliori (S), L. Di Genova (S), M. Montorselli (P), Salvati (P).

Scafapassocordone-Real C. Guardia Vomano: 1-1

Scafapassocordone: Rosano, Allegro, Colangelo, Fayenkeh, Silvaggi, Troiano (35'st Traoré), Castellucci (38'st Odoardi), Di Fabio, Cesarone, Yuda Canela, Cissè. **All.** De Melis. **Real C. Guardia Vomano:** D'Andrea, Petrucci, Nardi, Di Bonventura, Di Giovanni (10'st Trento), Spinosi, Bala (32'st Santone), Di Giacinto (5'st Di Gianluca), Gardini, Cascioli, Selmanaj (8'st Arrighetti). **All.** Evangelisti. **Arbitro:** Lorenzo Giuliani di Pescara. **Assistenti:** Gjuliano Dodani di Avezzano e Filippo Giancaterino di Pescara. **Reti:** 17'pt *Yuda Canela (S),* 21'st *Cascioli (R).* **Note:** ammoniti Troiano (R), Di Giacinto (R), Cissé (S), Rosano (S).

Due istantanee della sfida salvezza del diciassettessimo turno

Tagliacozzo-Pucetta: 0-2

Tagliacozzo: Oddi Oddi, Blasetti, D. Di Rocco, Corazza, Rosati, Tabacco, De Luca (22'st Capodacqua), V. Di Rocco, Tullio, Silvestri (9'st Giordani), De Roccis. **All.** Mazzei. **Pucetta:** Brassetti, Boukhrais, Tavani, M. Tuzi, Di Marco (41'st Dos Reis Viegas), A. Tuzi, Bernabale, (1'st Mattei) Marianella, M. Graziani (45'st Da Conceiçao Pinto), Theodoro De Almeida, Pascucci.

All. Giannini. **Arbitro:** Domenico Pace dell'Aquila. **Assistenti:** Alessio Aloisi e Pavel Babicenco dell'Aquila. **Reti:** *16'pt Pascucci, 39'st su rigore Theodoro De Almeida.* **Note:** ammoniti V. Di Rocco (T), Mattei (P), Crescimbeni (T), Marianella (P).

Tornimparte 2002-Luco Calcio: 0-1

Tornimparte 2002: Loporcaro, Di Girolamo (7'st Rovo), Parisi, Di Marzio, Andreassi, Di Battista, Lorenzo Sanderra (7'st Coletti), Cicchetti (39'st Civic), L. Paiola (25'st Spagnoli), M. Miocchi, M. Paiola (33'st Pokou). **All.** Luca Sanderra. **Luco Calcio:** F. Venditti, Ciocci, Mastroianni, Paolini, R. Venditti (36'pt Esposito), Mencarini, Marini, Shero, Diouf, Cirelli (28'st Torturo), Di Virgilio (39'st Cinquegrana). **All.** Scatena. **Arbitro:** Augusto Di Girolamo di Teramo. **Assistenti:** Felice Mazzocchetti di Teramo e Davide Di Marco dell'Aquila. **Rete:** *5'st Cirelli.* **Note:** ammoniti Di Girolamo (T), Parisi (T), Marini (L), Torturo (L).

GIUDICE SPORTIVO

Una gara: L. Ranalli (Pizzoli), G. Mione (Celano), C. Marianella (Pucetta), M. Nanni (San Gregorio), D. Bizzini (Amiternina), A. Parisi (Tornimparte 2002)

18ª GIORNATA – domenica 12 febbraio 2023

Amiternina-Fucense Trasacco	**2-1**
Hatria-Tagliacozzo	**1-1**
Luco Calcio-Montorio 88	**4-1**
Pucetta-Celano	**3-2**
Real C. Guardia Vomano-Tornimparte 2002	**1-0**
San Benedetto Venere-Scafapassocordone	**2-1**
San Gregorio-Pizzoli	**3-0** (a tavolino)

Amiternina-Fucense Trasacco: 2-1

Amiternina: D'Angelo, Traoré Traoré, Angelone, Centi, Gentile, Herrera Afonso, Lepidi, Paolucci, Del Pinto (8'st Maurizi), Sebastiani, Vasi (44'st Galeota). **All.** Di Felice. **Fucense Trasacco:** Di Domenico, Martinelli (1'st Cancelli), De Foglio, Angelini, D'Amico, Venditti, Angelucci, Capaldi (1'st Panza), Curri, Bisegna, Kone (25'st De Carolis). **All.** Gallese. **Arbitro:** Dario Bernoni di Pescara. **Assistenti:** Matteo Corradi di Avezzano e Angelo Ciocca dell'Aquila. **Reti:** *30'pt Bisegna (F), 31'pt Sebastiani (A), 19'st Maurizi (A).* **Note:** ammoniti Del Pinto (A), Morilli(F), Venditti (F), Bisegna (F), Paolucci (A).

Hatria-Tagliacozzo: 1-1

Hatria: D'Andrea, Pavone, Pereyro, Ceccani, Mastramico (32'st Marotta), A. Percuoco, Mechiche (15'st Sabir Belaich), Tancini De Almeida (15'st Della Sciucca), Carpegna, Perez, Novello (15'st Assogna). **All.** Reitano. **Tagliacozzo:** Oddi Oddi, Blasetti, D. Di Rocco, Corazza, Rosati, Tabacco, De Luca, Rossi, Tullio (43'pt Di Giovanni), Silvestri (21'st Capodacqua), De Roccis (3'st Di Giuseppe). **All.** Mazzei. **Arbitro:** Ennio Torricella di Vasto. **Assistenti:** Alberto Colonna di Vasto e Mara Mainella di Lanciano. **Reti:** *17'pt su rigore Novello (H), 19'pt De Roccis (T).* **Note:** espulsi al 7'st Rossi (T) e al 18'st Rosati (T) per somma di ammonizioni; ammoniti Corazza (T), A. Percuoco (H), Mastramico (H), Capodacqua (T), D. Di Rocco (T), Oddi Oddi (T).

Luco Calcio-Montorio 88: 4-1

Luco Calcio: F. Venditti, Ciocci (39'st Mastroianni), Mencarini, Paolini, R. Venditti, Esposito, Briciu (31'st Cirelli), Shero, Diouf, Torturo (39'st Nazzicone), Di Virgilio (36'st Marini). **All.** Scatena. **Montorio 88:** Rapagnani,  Giovannone, Gridelli (25'st Maselli), Massacci (1'st Urbani), Ndoye, Di Sante, Mosca (1'st Monaco), Fulvi (34'st Salvi), Ridolfi, Chiacchiarelli, Leonzi (25'st Giancarli). **All.** Cipolletti. **Arbitro:** Simone Spadaccini di Chieti. **Assistenti:** Ottavio Colanzi e Elena Bomba di Lanciano. **Reti:** *8'pt e 31'pt Diouf (L), 47'pt Di Virgilio (L), 27'st Esposito (L), 46'st Ndoye (M).* **Note:** ammoniti Ndoye (M), Massacci (M), Leonzi (M), Ciocci (L), Gridelli (M).

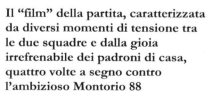

Il "film" della partita, caratterizzata da diversi momenti di tensione tra le due squadre e dalla gioia irrefrenabile dei padroni di casa, quattro volte a segno contro l'ambizioso Montorio 88

Pucetta-Celano: 3-2

Pucetta: Brassetti, Boukhrais, Tavani, M. Tuzi, Castellani, A. Tuzi, Mattei (19'st Dos Reis Viegas), Marianella, M. Graziani (36'st Bernabale), Theodoro De Almeida, Pascucci (30'st Da Conceiçao Pinto). **All.** Giannini. **Celano:** Mastroianni, Micocci (14'st Scolari), Mione, Kras (36'st Calderaro), Villa, Tabacco, Paneccasio, Di Gaetano (10'st Pollino), Bruni, Mercogliano (10'st Albertazzi), M. D'Amore (29'st Di Giovambattista). **All.** Iodice. **Arbitro:** Francesco Di Rocco di Pescara. **Assistenti:** Amedeo Di Nardo Di Maio di Pescara e Bryan Perfetto di Pescara. **Reti:** *2'pt e al 20'st su rigore Bruni (C), 5'st M. Tuzi (P), 33'st Theodoro De Almeida (P), 47'st Da Conceiçao Pinto (P).* **Note:** espulso al 35'st Theodoro De Almeida (P) per somma di ammonizioni; ammoniti Boukhrais (P), Di Gaetano (C), Pascucci (P), Da Conceiçao Pinto (P).

Real C. Guardia Vomano-Tornimparte 2002: 1-0

Real C. Guardia Vomano: D'Andrea, Petrucci, Nardi, Di Bonaventura, Di Giovanni, Di Gianluca, Bala (44'st Mattiucci), Di Giacinto, Gardini (35'st Trento), Cascioli (49'st Vicentini), Selmanaj (26'st Di Niso). **All.** Evangelisti. **Tornimparte 2002:** Loporcaro, Rovo (38'st Lorenzo Sanderra), Carducci, Di Marzio, Andreassi (35'st Di Girolamo), Di Battista, Civic (20'st Coletti), Cicchetti, L. Paiola (38'st Pokou), M. Miocchi, M. Paiola (20'st Spagnoli). **All.** Luca Sanderra. **Arbitro:** Nicola Saraceni di Vasto. **Assistenti:** Domenico Pace dell'Aquila e Alessio Aloisi dell'Aquila. **Rete:** *8'st Gardini.* **Note:** ammoniti Di Battista (T), M. Miocchi (T), Di Giacinto (R).

San Benedetto Venere-Scafapassocordone: 2-1

San Benedetto Venere: Bassi, Cipriani, Gramegna, Liberati, Zarini, Di Pippo (20'st Zazzara), Ettorre (36'st Mancini), Del Vecchio (20'st D'Agostino), Fidanza (1'st G. Cordischi), Catalli, Migliori. **All.** B. Di Genova. **Scafapassocordone:** Rosano, Giusti, Colangelo, Fayinkeh, Silvaggi, Troiano, Di Fabio, Pastore (32'st Graf), Cesarone (16'st Cissé), Yuda Canela (41'st Polidoro), Castellucci. **All.** De Melis. **Arbitro:** Pierpaolo Costantini di Pescara. **Assistenti:** Federico Cocco e Francesco Giuseppe Saltarella di Lanciano. **Reti:** *14'pt Yuda Canela (Sc), 29'pt e 35'pt su rigore Catalli (Sa).* **Note:** ammoniti Di Pippo (Sa), Del Vecchio (Sa), Silvaggi (Sc), Cipriani (Sa), Migliori (Sa), Zarini (Sa).

In alto, due distinti momenti della combattutissima sfida tra i padroni di casa del San Benedetto Venere e lo Scafapassocordone; nell'altra pagina: le due squadre salutano i tifosi prima del fischio d'inizio

GIUDICE SPORTIVO

Fino al 30 giugno 2026: E. Piri (Pizzoli); **quattro gare:** D. Rossi (Tagliacozzo); **una gara:** F. Gentile (Amiternina), A. Boukhrais e R. Theodoro De Almeida (Pucetta), M. Rosati (Tagliacozzo), P. Gridelli e V. Leonzi (Montorio 88), S. Annunziata (Pizzoli), M. Miocchi (Tornimparte 2002)

19ª GIORNATA – domenica 19 febbraio 2023

Celano-Hatria	**1-0**
Luco Calcio-Real C. Guardia Vomano	**2-1**
Montorio 88-Fucense Trasacco	**3-2**
Pizzoli-Pucetta	**2-0**
Scafapassocordone-San Gregorio	**1-2**
Tagliacozzo-Amiternina	**1-2**
Tornimparte 2002-San Benedetto Venere	**2-3**

Celano-Hatria: 1-0

Celano: Santoro, Micocci (47'st Di Giovambattista), Mione, Paneccasio, Tabacco, Di Fabio, D'Agostini, Albertazzi, Bruni, M. D'Amore (31'st Scolari), Pollino (18'st Calderaro, 47'st Villa). **All.** Iodice. **Hatria:** D'Andrea, Assogna (36'st Zippilli), Pereyro (13'st Pavone), Ceccani, A. Percuoco, Marotta, Mechiche (41'st F. Percuoco), Della Sciucca (22'st Tancini De Almeida), Novello, Perez, Sabir Belaich (13'st Carpegna). **All.** Reitano. **Arbitro:** Davide Troiani di Pescara. **Assistenti:** Alessandro Fusella di Chieti e Jacopo Salera di Avezzano. **Rete:** *8'pt Bruni*. **Note:** espulso al 28'st Albertazzi (C); ammoniti Pollino (C), Ceccani (H), A. Percuoco (H).

Luco Calcio-Real C. Guardia Vomano: 2-1

Luco Calcio: F. Venditti, Mencarini, Mastroianni (40'st Marini), Paolini (1'st Pergolini), Ciocci, Esposito, Briciu, Shero, Diouf (25'pt Cirelli), Torturo (1'st Cinquegrana), Di Virgilio. **All.** Scatena. **Real C. Guardia Vomano:** D'Andrea, Petrucci, Nardi, Di Bonaventura, Di Giovanni, Di Gianluca, Di Niso  (7'st Selmanaj), Di Giacinto, Gardini, Cascioli (25'st Trento), Bala (35'st Mattiucci). **All.** Evangelisti. **Arbitro:** Alessandro Piscopiello di Chieti. **Assistenti:** Marco Gravina e Bryan Perfetto di Pescara. **Reti:** *34'pt Cascioli (R), 18'st su rigore e 45'st Di Virgilio (R).* **Note:** ammoniti Diouf (L), Di Bonaventura (R), Shero (L), Trento (R), Di Virgilio (L).

Sopra, i vomanesi all'appello dell'arbitro; in alto, una fase della gara

Montorio 88-Fucense Trasacco: 3-2

Montorio 88: Rapagnani, Maselli, Monaco, Di Sante, Giovannone, Ndoye, Mosca, Fall (11'st Urbani), Ridolfi (40'st Giancarli), Chiacchiarelli, Fulvi (23'st Salvi). **All.** E. De Amicis. **Fucense Trasacco:** A. Scognamiglio, Martinelli (10'st Fellini), Panza, Angelini, D'Amico (20'st Idrofano), Venditti, De Foglio, Capaldi, De Carolis (1'st Cancelli), Bisegna, Kone. **All.** Gallese. **Arbitro:** Gabriel Ragona di Vasto. **Assistenti:** Pavel Babicenco e Alessio Aloisi dell'Aquila. **Reti:** *22'pt Ridolfi (M), 43'pt Chiacchiarelli (M), 30'st su rigore e*

51'st Bisegna (F), 43'st Mosca (M). **Note:** ammoniti Fulvi (M), Giovannone (M), Monaco (M), Angelini (F), Ndoye (M), Ridolfi (M), Bisegna (F), Mosca (M).

Pizzoli-Pucetta: 2-0

Pizzoli: Muscato, Rugani, Marini (47'st Di Cesare), Albani, Grasso, Ranalli, Tinari (39'st Serpetti), S. Montorselli (41'st G. Di Lillo), D'Agostino, V. Di Lillo (43'st M. Montorselli), Passacantando. **All.** Rainaldi. **Pucetta:** Colella, A. Desideri (13'st Bernabale), Tavani, M. Tuzi, Castellani, A. Tuzi, Mattei (13'st Di Marco), Pascucci, Da Conceiçao Pinto, Marianella, M. Graziani (24'st Dos Reis Viegas). **All.** Giannini. **Arbitro:** Fabio Cicconi di Teramo. **Assistenti:** Gianmarco Di Filippo e Alessandro Fazzini di Teramo. **Reti:** *45'pt Tinari, 24'st D'Agostino.* **Note:** ammoniti Desideri (Pu), Rugani (Pi), Colella (Pu), S. Montorselli (Pi).

Scafapassocordone-San Gregorio: 1-2

Scafapassocordone: Rosano, Allegro, Giusti, Faynkeh (31'st Graf), Silvaggi, Colangelo, Castellucci (10'st Di Fabio), Pastore (20'st Traoré), Cesarone (10'st Odoardi), Yuda Canela, Cissé. **All.** De Melis. **San Gregorio:** Di Casimiro, Di Francesco (13'st Antonacci), M. Di Alessandro, D. Di Alessandro (31'st Galassi), Ricci, Romano, Florindi (43'st  Flaiano), Nanni, Menegussi (21'st Maisto), Felline (20'st Mazzaferro), Rampini. **All.** Rotili. **Arbitro:** Francesco Colanzi di Lanciano. **Assistenti:** Davide Ottavi e Stefano Tassoni di Teramo. **Reti:** *35'pt Nanni (Sa), 43'st Mazzaferro (Sa), 44'st Cissé (Sc).* **Note:** ammoniti M. Di Alessandro (Sa), Romano (Sa), Silvaggi (Sc).

In alto e a destra, due azioni del confronto; qui sopra la squadra del San Gregorio schierata a centrocampo prima del fischio d'avvio

Tagliacozzo-Amiternina: 1-2

Tagliacozzo: Oddi Oddi, Blasetti, D. Di Rocco, Corazza, Capodacqua (28'st Di Giovanni), Tabacco, De Luca, V. Di Rocco, Tullio, Silvestri (41'st Di Matteo), Di Giuseppe (31'st Piras). **All.** Mazzei. **Amiternina:** D'Angelo, Traoré Traoré, Fischione (31'pt Carrozzi), Centi (33'st Maurizi), Gentile, Herrera Afonso, Lepidi, Paolucci, Sebastiani, Bizzini, Vasi (42'st Galeota). **All.** Di Felice. **Arbitro:** Nicola Saraceni di Vasto. **Assistenti:** Stefano Coccagna e Augusto Di Girolamo di Teramo. **Reti:** *37'pt Herrera Afonso (A), 25'st autorete (T), 29'st Carrozzi (A).* **Note:** espulsi al 24'st Morelli (A) e al 30'st Oddi Oddi (T) per proteste; ammoniti Sebastiani (A), Capodacqua (T), Centi (A), Bizzini (A), Morelli (A), Di Giuseppe (T), V. Di Rocco (T), D. Di Rocco (T), Maurizi (A), Di Matteo (T), Corazza (T).

Tornimparte 2002-San Benedetto Venere: 2-3

Tornimparte 2002: Ludovisi, Rovo (33'st Spagnoli), Parisi, Di Marzio, Andreassi (20'st Di Girolamo), Di Battista, Lorenzo Sanderra (1'st M. Paiola), Cicchetti, L. Paiola, A. Miocchi (11'st Coletti), Santarelli (1'st Civic). **All.** Luca Sanderra. **San Benedetto Venere:** Bassi, Cipriani, Di Vittorio, Liberati (33'st Zazzara), Zarini, Severini, Ettorre (29'st G. Cordischi), Del Vecchio, Fidanza (22'st Callocchia), Catalli, Migliori (11'st Di Pietro). **All.** B. Di Genova. **Arbitro:** Manuel Franchi di Teramo. **Assistenti:** Gianmarco Cocciolone dell'Aquila e Stefano Brandimarte di Teramo. **Reti:** *12'pt Del Vecchio (S), 27'pt su rigore e 42'pt Catalli (S), 30'st e 41'st L. Paiola (T).* **Note:** ammoniti Liberati (S), Lorenzo Sanderra (T), Di Battista (T), Cipriani (S), Callocchia (S), Di Girolamo (T), Parisi (T).

Un bel primo piano dei padroni di casa del Tornimparte 2002

GIUDICE SPORTIVO

Due gare: M. Oddi Oddi (Tagliacozzo); **una gara:** A. Morelli (Amiternina), R. Albertazzi (Celano), M. Ndoye (Montorio 88), S. Montorselli e M. Rugani (Pizzoli), P. Cipriani (San Benedetto Venere), D. Silvaggi (Scafapassocordone), D. Di Rocco (Tagliacozzo)

20ª GIORNATA – sabato 25 febbraio 2023

Amiternina-Celano	**0-1**
Fucense Trasacco-Tagliacozzo	**1-1**
Hatria-Pizzoli	**0-1**
Pucetta-Scafapassocordone	**3-2**
Real C. Guardia Vomano-Montorio 88	**2-0**
San Benedetto Venere-Luco Calcio	**5-2**
San Gregorio-Tornimparte 2002	**3-3**

Amiternina-Celano: 0-1

Amiternina: D'Angelo, Paolucci, Angelone, Bizzini, Traoré Traoré, Gentile, Lepidi (37'st Galeota), Vasi, Del Pinto, Carrozzi, Sebastiani. **All.** Di Felice. **Celano:** Santoro, Micocci, Mione, Paneccasio, Tabacco, Di Fabio, Di Gaetano, Kras, Bruni, Pollino (20'st D'Agostini), M. D'Amore. **All.** Iodice. **Arbitro:** Asia Armaroli di Teramo. **Assistenti:** Diego Carnevale di Avezzano e Gianmarco Di Filippo di Teramo. **Rete:** *12'pt Pollino.* **Note:** ammoniti Paneccasio (C), Pollino (C), Paolucci (A), Bizzini (A), D'Agostini (C), Micocci (C).

Fucense Trasacco-Tagliacozzo: 1-1

Fucense Trasacco: Di Domenico (3'st A. Scognamiglio), Fellini (3'st Martinelli, 41'st De Carolis), De Foglio, Angelini, Idrofano, Venditti, Cancelli, Capaldi, Curri (27'st Kone), Bisegna, Rametta (3'st Panza). **All.** Gallese. **Tagliacozzo:** Tershalla, Capodacqua (27'st Paolucci), Di Giovanni (16'st Di Giuseppe), Corazza, Rosati, Tabacco, De Luca, V. Di Rocco, Tullio, Silvestri, Blasetti. **All.** Mazzei. **Arbitro:** Fabio Cicconi di Teramo. **Assistenti:** Felice Mazzocchetti e Stefano Brandimarte di Teramo. **Reti:** *43'pt Corazza (T), 51'st Idrofano (F).* **Note:** ammoniti Capodacqua (T), Tershalla (T), Di Giovanni (T), Rosati (T), Corazza (T), Tabacco (T), Capaldi (F).

Hatria-Pizzoli: 0-1

Hatria: D'Andrea, Pavone, Tancini De Almeida, Ceccani, Mastramico (23'st Assogna), A. Percuoco, Mechiche (27'st Sabir Belaich), Della Sciucca, Carpegna, Perez, Novello. **All.** Reitano. **Pizzoli:** Muscato, Ponzi, Di Stefano (1'st G. Di Lillo), Albani, Grasso, Ranalli, Tinari, M. Montorselli (1'st

Serpetti), D'Agostino, Annunziata, Passacantando. **All.** Rainaldi. **Arbitro:** Nicola De Iuliis di Lanciano. **Assistenti:** Marco Gravina di Pescara e Francesco Di Marte di Teramo. **Rete:** *18'pt su rigore Ranalli.* **Note:** espulsi al 20'st Annunziata (P) per somma di ammonizioni e al 40'st Reitano (H) per proteste; ammoniti Tinari (H), Passacantando (H), Ponzi (H), Annunziata (P).

Pucetta-Scafapassocordone: 3-2

Pucetta: Brassetti, Boukhrais, Tavani, M. Tuzi, Castellani, A. Tuzi, Mattei (1'st Dos Reis Viegas), Marianella (22'st Da Conceiçao Pinto), M. Graziani (40'st Bernabale), Theodoro De Almeida (45'st Di Marco), Pascucci. **All.** Giannini. **Scafapassocordone:** Rosano, Allegro, Colangelo, Fayinkeh, Pastore, Giusti, Castellucci (31'st Cesarone), Di Fabio, Graf (28'st Traoré), Yuda Canela, Cissé. **All.** De Melis. **Arbitro:** Gabriel Ragona di Vasto. **Assistenti:** Gjuliano Dodani di Avezzano e Francesco Giuseppe Saltarella di Lanciano. **Reti:** *16'pt Graf (S), 24'pt Marianella (P), 44'pt su rigore e 36'st Theodoro De Almeida (P), 48'pt Yuda Canela (S).* **Note:** ammoniti Tavani (P), Boukhrais (P), M. Tuzi (P), Graziani (P), Da Conceiçao Pinto (P).

Real C. Guardia Vomano-Montorio 88: 2-0

Real C. Guardia Vomano: D'Andrea, Di Gianluca, Nardi, Di Bonaventura, Di Giovanni, Forcellese, Petrucci, Di Giacinto, Gardini (40'st Trento), Cascioli (47'st Selmanaj), Bala (40'st Mattiucci). **All.** Evangelisti.  **Montorio 88:** Rapagnani, Maselli (16'st Fulvi), Monaco, Di Sante, Gridelli, Giovannone, Mosca, Urbani (16'st Massacci), Ridolfi, Chiacchiarelli, Giancarli (30'st Di Francesco). **All.** E. De Amicis. **Arbitro:** Simone Spadaccini di Chieti. **Assistenti:** Francesco Pizzuto di Vasto e Matar Diop di Pescara. **Reti:** *18'pt Gardini, 50'st Di Giacinto.* **Note:** ammoniti Giancarli (M), Rapagnani (M), Ridolfi (M), Di Giacinto (R), D'Andrea (R).

San Benedetto Venere-Luco Calcio: 5-2

San Benedetto Venere: Bassi, Callocchia (34'st Gramegna), Di Vittorio, Liberati (31'st D'Agostino), Zarini, Severini, G. Cordischi (14'st Di Pippo), Del Vecchio (31'st Zazzara), Fidanza (13'pt Mancini), Catalli, Migliori. **All.** B. Di Genova. **Luco Calcio:** F. Venditti, Ciocci, Mencarini, Paolini (1'st Mastroianni), R. Venditti, Esposito (1'st Marini), Briciu (21'st Nazzicone), Shero, Diouf, Torturo (1'st Cirelli), Di Virgilio (33'st Bour). **All.** Scatena. **Arbitro:** Francesco Di Rocco di Pescara. **Assistenti:** Steven Terrenzi di Pescara e Niko Ricci di Chieti. **Reti:** *19'pt Mancini (S), 41'pt Cordischi (S), 43'pt su rigore Di Virgilio (L), 11'st e 30'st Catalli (S), 22'st Mastroianni (L), 36'st Zazzara (S).* **Note:** espulso al 29'st R. Venditti (L) per somma di ammonizioni; ammoniti Esposito (L), Di Virgilio (L), Briciu (L), Del Vecchio (S).

Una panoramica del folto e caloroso pubblico del S. Benedetto Venere

San Gregorio-Tornimparte 2002: 3-3

San Gregorio: Meo, Rampini, M. Di Alessandro, Florindi, Ricci, Romano, Maisto (30'st Mazzaferro), Nanni, Menegussi (45'st Galassi), Felline (38'st Antonacci), D. Di Alessandro (47'st Marchetti). **All.** Rotili. **Tornimparte 2002:** Ludovisi, Rovo (26'st Santarelli), Carnicelli, Di Marzio, Andreassi, Di Battista, A. Miocchi (8'st Civic), Lorenzo Sanderra (8'st Coletti), L. Paiola, M. Miocchi, M. Paiola (35'st Pokou). **All.** Luca Sanderra. **Arbitro:** Saverio Di

67

Vito di Avezzano. **Assistenti:** Michelangelo Longo di Chieti e Amedeo Di Nardo Di Maio di Pescara. **Reti:** *26'pt autorete (T), 28'pt Romano (S), 38'pt e 4'st Menegussi (S), 32'st L. Paiola (T), 49'st Coletti (T).* **Note:** ammoniti Andreassi (T), M. Di Alessandro (S), Lorenzo Sanderra (T), Galassi (S), Coletti (T).

GIUDICE SPORTIVO

Una gara: R. Venditti (Luco Calcio), S. Annunziata (Pizzoli), M. Capodacqua e M. Corazza (Tagliacozzo)

21ª GIORNATA – domenica 5 marzo 2023	
Celano-Fucense Trasacco	2-0
Luco Calcio-San Gregorio	0-1
Montorio 88-Tagliacozzo	5-0
Pizzoli-Amiternina	1-0
Real C. Guardia Vomano-San Benedetto Venere	1-0
Scafapassocordone-Hatria	1-3
Tornimparte 2002-Pucetta	0-1

Celano-Fucense Trasacco: 2-0

Celano: Santoro, Micocci, Mione, Paneccasio (12'st Albertazzi), Tabacco, Di Fabio, M. D'Amore (48'st G. D'Amore), D'Agostini, Bruni, Kras (22'st Mercogliano), Pollino (12'st Di Gaetano). **All.** Iodice. **Fucense Trasacco:** Di Domenico, De Foglio, Fellini (23'st Kone), Angelini, Idrofano, Venditti, Cancelli (31'st De Carolis), Capaldi, Curri, Bisegna, Angelucci (23'st Lippa). **All.** Gallese. **Arbitro:** Niko Pellegrino di Teramo. **Assistenti:** Niko Ricci di Chieti e Nicola De Ortentiis di Pescara. **Reti:** *27'pt Pollino, 22'st Bruni.* **Note:** espulso al 22'st Esposito (F) per proteste; ammoniti Venditti (F), Curri (F), Di Fabio (C), Pollino (C), Tabacco (C), Fellini (F), Kone (F), Lippa (F).

Luco Calcio-San Gregorio: 0-1

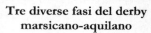

Tre diverse fasi del derby marsicano-aquilano

Luco Calcio: F. Venditti, Ciocci, Bayad, Paolini, Esposito, Mastroianni (30'st Bour), Briciu (1'st Cirelli), Cinquegrana (1'st Shero), Diouf (30'st Nazzicone), Torturo (17'st Pergolini), Di Virgilio. **All.** Scatena. **San Gregorio:** Di Casimiro, Di Francesco, Marchetti (21'st Rampini), Bravoco, Ricci, Romano, Antonacci (25'st Mazzaferro), Nanni, Menegussi (42'st Maisto), Magistro (24'st Florindi), D. Di Alessandro. **All.** Rotili. **Arbitro:** Fabio Cicconi di Teramo. **Assistenti:** Felice Mazzocchetti e Gianmarco Di Filippo di Teramo. **Rete:** *40'pt Marchetti.* **Note:** ammoniti Cinquegrana (L), Briciu (L), Ciocci (L), Marchetti (S), D. Di Alessandro (S), Paolini (L).

Montorio 88-Tagliacozzo: 5-0

Montorio 88: Rapagnani, Massacci (27'st D'Ignazio), Monaco (29'st Deliu), Di Sante, Salvi, Giovannone, Mosca (40'st Marini), Fulvi (19'st Maselli), Ridolfi, Chiacchiarelli, Di Francesco (13'st Urbani). **All.** E. De Amicis. **Tagliacozzo:** Tershalla, D. Di Rocco, Di Giuseppe, Di Giovanni (24'st Silvestri), Rosati, Tabacco (42'st Frittella), De Luca (37'st Piacente), V. Di Rocco, Tullio, Paolucci (24'st Di Matteo), Blasetti. **All.** Mazzei. **Arbitro:** Domenico Pace dell'Aquila. **Assistenti:** Amedeo Di Nardo Di Maio e Marco Gravina di Pescara. **Reti:** *24'pt e 43'pt Ridolfi, 28'pt Chiacchiarelli, 41'pt autorete, 45'st Deliu.* **Note:** ammonito Fulvi (M).

Pizzoli-Amiternina: 1-0

Pizzoli: Muscato, Ponzi (23'st Marini), Rugani, Albani, Grasso, Ranalli (42'st G. Di Lillo), Tinari, S. Montorselli, D'Agostino, V. Di Lillo, Passacantando (47'st M. Montorselli). **All.** Rainaldi. **Amiternina:** D'Angelo, Paolucci, Angelone (41'st Maurizi), Centi (38'st Galeota), Traoré Traoré, Herrera Afonso, Lepidi, Bizzini (28'st Gentile), Del Pinto (12'st Vasi), Sebastiani, Carrozzi. **All.** Di Felice. **Arbitro:** Gianluca Fantozzi di Avezzano. **Assistenti:** Gjuliano Dodani di Avezzano e Stefano Tassoni di Teramo. **Rete:** *36'st V. Di Lillo.* **Note:** ammoniti Ranalli (P), Ponzi (P), Lepidi (A), Tinari (P), Angelone (A), V. Di Lillo (P).

Real C. Guardia Vomano-San Benedetto Venere: 1-0

Real C. Guardia Vomano: D'Andrea, Spinosi, Nardi, Di Gianluca, Di Giovanni, Forcellese, Petrucci, Di Giacinto, Gardini (49'st Trento), Cascioli (33'st Selmanaj), Bala (29'st Mattiucci). **All.** Evangelisti. **San Benedetto Venere:** Bassi, Cipriani, Di Vittorio, Di Pippo (21'st Cordischi), Liberati (29'st D'Agostino), Severini, Migliori, Del Vecchio, Mancini (21'st L. Di Genova), Catalli, Zazzara. **All.** B. Di Genova. **Arbitro:** Marco Amatangelo di Sulmona. **Assistenti:** Angelo Ciocca e Alessio Aloisi dell'Aquila. **Rete:** *14'st Gardini.* **Note:** espulso al 34'st Catalli (S) per somma di ammonizioni; ammoniti Di Gianluca (R), Di Giovanni (R), Migliori (S), Del Vecchio (S), Zarini (S), Di Giacinto (R), Selmanaj (R), D'Andrea (R), Zazzara (S), Petrucci (R).

Un bel collage fotografico dell'attesa sfida tra il Real C. Guardia Vomano e la capolista San Benedetto Venere, tornata a casa a mani vuote, per la grande soddisfazione della formazione locale

Scafapassocordone-Hatria: 1-3

Scafapassocordone: Rosano, Allegro, Pastore (30'st Colangelo), Fayinkeh, Silvaggi, Troiano (20'st Traoré), Di Fabio (23'st Castellucci), Giusti, Cesarone, Yuda Canela, Cissé. **All.** De Melis. **Hatria:** D'Andrea, F. Percuoco, Pavone (15'st Pereyro), Ceccani, Tancini De Almeida, Marotta (10'st A. Percuoco), Mechiche, Della Sciucca, Novello (27'st Quadrini),

Perez (43'st Carpegna), Sabir Belaich (39'st Renzetti). **All.** Reitano. **Arbitro:** Stanislav Ungureanu di Lanciano. **Assistenti:** Bryan Perfetto di Pescara e Michelangelo Longo di Chieti. **Reti:** *27'pt Perez (H), 33'pt Novello (H), 33'st Quadrini (H), 48'st Traoré (S).* **Note:** ammoniti Novello (H), Silvaggi (S), Cissé (S), A. Percuoco (H), Yuda Canela (S).

Due diversi momenti della vittoriosa trasferta dell'Hatria, corsara sul campo dello Scafapassocordone

Tornimparte 2002-Pucetta: 0-1

Tornimparte 2002: Ludovisi, Santarelli (27'st Rovo), Carnicelli, Di Marzio (29'st Civic), Andreassi, Di Battista, A. Miocchi (35'st Pokou), Cicchetti, L. Paiola, M. Miocchi, Coletti (12'st M. Paiola). **All.** Luca Sanderra. **Pucetta:** Brassetti, Boukhrais, Di Marco, M. Tuzi (15'st Mattei), Castellani, A. Tuzi, Tavani, Pascucci, Graziani (29'st Da Conceiçao Pinto), Theodoro De Almeida (47'st Dos Reis Viegas), Marianella (40'st Federici). **All.** Giannini. **Arbitro:** Alessandro Piscopiello di Chieti. **Assistenti:** Alessio Di Santo di Sulmona e Pavel Babicenco dell'Aquila. **Rete:** *18'st Theodoro De Almeida.* **Note:** espulso al 46'pt Castellani (P) per condotta violenta; ammoniti Theodoro De Almeida (P), Marianella (P).

GIUDICE SPORTIVO

Tre gare: M. Cissé (Scafapassocordone); **una gara:** E. Esposito e D. Venditti (Fucense Trasaco), B. Castellani (Pucetta), G. Catalli e M. Del Vecchio (San Benedetto Venere), A. Ciocci e N. Briciu (Luco Calcio), N. Lepidi (Amiternina), M. Di Fabio, F. Pollino e A. Tabacco (Celano), N. Novello (Hatria)

22ª GIORNATA – domenica 12 marzo 2023	
Amiternina-Scafapassocordone	**1-0**
Fucense Trasacco-Pizzoli	**2-0**
Hatria-Tornimparte 2002	**2-0**
Pucetta-Luco Calcio	**6-0**
San Benedetto Venere-Montorio 88	**0-0**
San Gregorio-Real C. Guardia Vomano	**0-1**
Tagliacozzo-Celano	**1-2**

Amiternina-Scafapassocordone: 1-0

Amiternina: D'Angelo, Fischione, Angelone, Centi, Traoré Traoré, Gentile, Sebastiani, Paolucci (40'st Maurizi), Del Pinto, Bizzini (33'st Carrozzi), Vasi. **All.** Di Felice. **Scafapassocordone:** Rosano, Allegro, Colangelo (2'st Traoré, 41'st Polidoro), Fayinkeh, Silvaggi, Troiano, Di Fabio, Pastore (39'st Odoardi), Giusti, Yuda Canela, Castellucci. **All.** De Melis. **Arbitro:** Michele Raiola di Teramo. **Assistenti:** Francesco Giuseppe Saltarella di Lanciano e Amedeo Di Nardo Di Maio di Pescara. **Rete:** *40'pt Del Pinto.* **Note:** ammoniti Sebastiani (A), Vasi (A), Troiano (S), Gentile (A).

Le due squadre, schierate a centrocampo, salutano il pubblico presente

Fucense Trasacco-Pizzoli: 2-0

Fucense Trasacco: Di Domenico (26'st A. Scognamiglio), Martinelli (36'st Fellini), Panza, Angelucci (26'st Capaldi), Idrofano, D'Amico, De Foglio (22'st Cancelli), Angelini, Curri, Bisegna, Kone. **All.** Gallese. **Pizzoli:** Muscato, Ponzi, Rugani (43'pt Annunziata), Albani, S. Montorselli (30'st Salvati), Marini (43'pt Di Stefano), Tinari, Ranalli (36'st M. Montorselli), D'Agostino, V. Di Lillo, Passacantando. **All.** Rainaldi. **Arbitro:** Alessandro Piscopiello di Chieti. **Assistenti:** Alessio Di Santo di Sulmona e Simone Massariello di Avezzano. **Reti:** *15'st De Foglio, 33'st Cancelli.* **Note:** ammoniti Angelini (F), D'Agostino (P).

Hatria-Tornimparte 2002: 2-0

Hatria: D'Andrea, Pavone, Tancini De Almeida, Ceccani, A. Percuoco, Marotta, Mechiche (10'st Sabir Belaich), Della Sciucca, Assogna (19'st Zippilli), Perez (38'st Carpegna), Quadrini (10'st Pereyro). **All.** Reitano. **Tornimparte 2002:** Ludovisi, Rovo (12'st Santarelli), Parisi, Di Marzio, Carnicelli (24'st Andreassi), Di Battista, Pokou (12'st A. Miocchi), Lorenzo Sanderra (12'st Cicchetti), L. Paiola, M. Miocchi, M. Paiola (31'st Coletti). **All.** Luca Sanderra. **Arbitro:** Vincenzo De Santis di Avezzano. **Assistenti:** Angelo Leone di Sulmona e Mario Stefano Serpone di Pescara. **Reti:** *1'st Mechiche, 4'st Perez.* **Note:** espulso al 7'st A. Percuoco (H) per condotta violenta; ammoniti Pereyro (H), Pavone (H), Di Battista (T).

Pucetta-Luco Calcio: 6-0

Pucetta: Brassetti, Tavani (6'st Federici), Boukhrais (18'st A. Desideri), M. Tuzi (2'st Mattei), Di Marco, A. Tuzi, Dos Reis Viegas, Marianella, Graziani (24'st Da Conceiçao Pinto), Theodoro De Almeida, Pascucci (30'st Paolini). **All.** Giannini. **Luco Calcio:** Dell'Unto, Paolini, Mencarini, Cinquegrana (1'st Mastroianni), R. Venditti, Esposito, Torturo, Shero (6'st Di Giampietro), Fedele (14'st Bour), Cirelli (1'st Diouf), Di Virgilio (1'st Nazzicone). **All.** Scatena. **Arbitro:** Giammarco Cianca dell'Aquila. **Assistenti:** Angelo Ciocca dell'Aquila e Gjuliano Dodani di Avezzano. **Reti:** *14'pt, 17'pt e 33'st Theodoro De Almeida, 27'pt Graziani, 41'pt Di Marco, 45'st Dos Reis Viegas.* **Note:** espulso al R. Venditti (L) per; ammoniti M. Tuzi (P), Tavani (P), Boukhrais (P), Viegas (P), Desideri (P), Torturo (L).

San Benedetto Venere-Montorio 88: 0-0

San Benedetto Venere: Bassi, Cipriani, Di Vittorio, Liberati, Zarini, Severini, Ettorre, Di Pippo (34'st D'Agostino), L. Di Genova (49'st Mancini), Zazzara (38'st Cordischi), Migliori. **All.** B. Di Genova. **Montorio 88:** Rapagnani (28'st Angelozzi), Massacci (28'st D'Ignazio), Monaco, Salvi (20'st Giancarli), Giovannone (15'st Maselli), Ndoye, Mosca, Di Sante, Ridolfi, Chiacchiarelli, Fulvi (41'st Urbani). **All.** E. De Amicis. **Arbitro:** Pierpaolo Costantini di Pescara. **Assistenti:** Michelangelo Longo e Niko Ricci di Chieti. **Note:** ammoniti Fulvi (M), Zarini (S), Ndoye (M), Liberati (S), Migliori (S).

San Gregorio-Real C. Guardia Vomano: 0-1

San Gregorio: Di Casimiro, M. Di Alessandro (12'st D. Di Alessandro), Rampini, Bravoco (33'st Marchetti), Ricci, Romano, Maisto (14'st Mazzaferro), Nanni, Menegussi, Florindi (6'st Magistro), Antonacci (12'st Di Francesco). **All.** Rotili. **Real C. Guardia Vomano:** D'Andrea, Petrucci,

Nardi, Di Gianluca, Di Giovanni, Spinosi, Selmanaj (14'st Arrighetti), Di Giacinto, Gardini, Cascioli (30'st Forcellese), Bala. **All.** Evangelisti. **Arbitro:** Gianluca Fantozzi di Avezzano. **Assistenti:** Nicola De Ortentiis di Pescara e Niccolò Sansone di Avezzano. **Rete:** *40'pt Cascioli.* **Note:** espulso al 20'st Gardini (R) per somma di ammonizioni; ammoniti M. Di Alessandro (S), Nanni (S), Florindi (S), Ricci (S), Di Giovanni (R).

Tagliacozzo-Celano: 1-2

Tagliacozzo: Oddi Oddi, D. Di Rocco, De Luca (38'st Di Matteo), Corazza, Rosati, Tabacco, Blasetti, V. Di Rocco, Tullio, Silvestri (10'st Capodacqua), De Roccis (41'st Paolucci). **All.** Mazzei. **Celano:** Santoro, Micocci (27'pt Scolari), Mione, Paneccasio, Villa, Albertazzi, M. D'Amore (1'st Di Giovambattista), D'Agostini (41'st G. D'Amore), Bruni, Kras, Di Gaetano (8'pt Mercogliano). **All.** Iodice. **Arbitro:** Simone Spadaccini di Chieti. **Assistenti:** Felice Marzocchetti e Francesco Di Marte di Teramo. **Reti:** *20'pt e 46'pt Bruni (C), 46'st Tullio (T).* **Note:** espulso al 30'st Mazzei (T) per proteste; ammoniti Rosati (T), Mercogliano (C), Villa (C), V. Di Rocco (T).

GIUDICE SPORTIVO

Quattro gare: R. Venditti (Luco Calcio); **una gara:** A. Percuoco (Hatria), N. Gardini e S. Di Giovanni (Real C. Guardia Vomano), B. Di Battista (Tornimparte 2002), V. Di Rocco (Tagliacozzo), F. Zarini (San Benedetto Venere), D. Troiano (Scafapassocordone), M. Tavani e M. Tuzi (Pucetta)

23ª GIORNATA – sabato 25 marzo 2023

Luco Calcio-Hatria	**0-0**
Montorio 88-Celano	**1-1**
Pizzoli-Tagliacozzo	**0-0**
Real C. Guardia Vomano-Pucetta	**0-0**
San Benedetto Venere-San Gregorio	**1-1**
Scafapassocordone-Fucense Trasacco	**1-2**
Tornimparte 2002-Amiternina	**1-1**

Luco Calcio-Hatria: 0-0

Luco Calcio: F. Venditti (33'st Dell'Unto), Mencarini, Paolini, Cinquegrana (33'st Pergolini), Ciocci, Esposito, Briciu (33'st Marini), Shero, Diouf (8'st Cirelli), Torturo (25'st Nazzicone), Di Virgilio. **All.** Scatena. **Hatria:** D'Andrea, Assogna, Pavone, Ceccani, Tancini De Almeida, Marotta, Sabir

Belaich (43'st Mboup), Della Sciucca, Novello (27'st Quadrini), Perez, Mechiche. **All.** Reitano. **Arbitro:** Nicola Saraceni di Vasto. **Assistenti:** Amedeo Di Nardo Di Maio di Pescara e Matteo Leli dell'Aquila. **Note:** espulso al 51'st Esposito (L) per proteste; ammoniti Mechiche (H), Esposito (L), Pelusi (H), Torturo (L), Briciu (L), Perez (H), Mboup (H).

Pareggio a reti bianche tra Luco e Hatria

Montorio 88-Celano: 1-1

Montorio 88: Rapagnani, Leonzi (24'st Fulvi), Monaco (19'st Gridelli), Salvi, Maselli, Ndoye, Mosca, Di Sante, Ridolfi, Chiacchiarelli (45'st Di Francesco), Giancarli (36'st Massacci). **All.** E. De Amicis. **Celano:** Santoro, Micocci, Mione, Paneccasio (30'st Albertazzi), Tabacco, Di Fabio, M. D'Amore, D'Agostini (16'st G. D'Amore), Bruni, Pollino (24'st Di Gaetano), Kras. **All.** Iodice. **Arbitro:** Ferdinando Carluccio dell'Aquila. **Assistenti:** Giulia Di Rocco e Davide Donatelli di Pescara. **Reti:** *39'pt Giancarli (M), 36'st Di Fabio (C)*. **Note:** ammoniti Pollino (C), Salvi (M), Leonzi (M), Tabacco (C), Kras (C), Fulvi (M), G. D'Amore (C).

Pizzoli-Tagliacozzo: 0-0

Pizzoli: Muscato, Marini, Rugani, Albani, Grasso (37'st Ponzi), Annunziata, Tinari, Ranalli (23'st M. Montorselli), S. Montorselli (39'st G. Di Lillo), V. Di Lillo, Passacantando. **All.** Rainaldi. **Tagliacozzo:** Oddi Oddi, D. Di Rocco, De Luca (48'st Piacente), Corazza, Rosati, Tabacco, Blasetti, Di Matteo (36'st Paolucci), Tullio, Silvestri, Rossi. **All.** Mazzei. **Arbitro:** Augusto Di Girolamo di Teramo. **Assistenti:** Stefano Giampietro e Paolo Di Carlo di Pescara. **Note:** ammoniti Marini (P), Blasetti (T), Rosati (T), Albani (P), Silvestri (T), Piacente (T).

Real C. Guardia Vomano-Pucetta: 0-0

Real C. Guardia Vomano: D'Andrea, Spinosi (25'st Selmanaj), Nardi, Di

75

Bonaventura, Di Gianluca, Forcellese (32'st Di Niso), Petrucci, Di Giacinto, Trento (19'st Arrighetti), Cascioli, Bala (1'st Santone). **All.** Evangelisti. **Pucetta:** Bassetti, Boukhrais, Di Marco, Mattei, Castellani, A. Tuzi, Bernabale (40'st Federici), Pascucci, Graziani (38'st Da Conceiçao Pinto), Theodoro De Almeida, Marianella. **All.** Giannini. **Arbitro:** Domenico Pace dell'Aquila. **Assistenti:** Niko Ricci e Alessandro Fusella di Chieti. **Note:** ammonito Santone (R).

<h3 style="text-align:center">San Benedetto Venere-San Gregorio: 1-1</h3>

San Benedetto Venere: Bassi, Cipriani, Di Vittorio, Liberati (36'st Mancini), D'Agostino (18'st Di Pippo), Severini (42'st Cordischi), Ettorre, Del Vecchio (24'st Zazzara), Fidanza (5'st L. Di Genova), Catalli, Migliori. **All.** B. Di Genova. **San Gregorio:** Di Casimiro, Di Francesco (36'st Antonacci), Rampini, Bravoco, Ricci, Romano (18'st M. Di Alessandro), Maisto (15'st Mazzaferro), Nanni, Menegussi (41'st Marchetti), Aljia (41'st Magistro), D. Di Alessandro. **All.** Rotili. **Arbitro:** Pierludovico Arnese di Teramo. **Assistenti:** Pierpaolo Salvati di Sulmona e Pavel Babicenco dell'Aquila. **Reti:** *33'pt Menegussi (SG), 53'st Ettorre (SBV).* **Note:** espulsio al 31'st Florindi (SG) per fallo da ultimo uomo; ammoniti D. Di Alessandro (SG), Nanni (SG), Liberati (SBV), Menegussi (SG), Antonacci (SG), Zazzara (SBV).

<h3 style="text-align:center">Scafapassocordone-Fucense Trasacco: 1-2</h3>

Scafapassocordone: Rosano, Allegro, Castellucci (43'st Odoardi), Fayinkeh, Silvaggi, Pastore, Traoré, Di Fabio, Cesarone, Yuda Canela, Graf (5'st Colangelo). **All.** De Melis. **Fucense Trasacco:** Di Domenico (22'st A. Scognamiglio), Martinelli (35'st Venditti), Panza, Angelucci (22'st Capaldi), D'Amico, Idrofano, De Foglio (26'st Cancelli), Angelini, Curri, Bisegna, De Carolis (12'st Kone). **All.** Gallese. **Arbitro:** Giammarco Cianca dell'Aquila. **Assistenti:** Gianmarco Di Filippo di Teramo e Michelangelo Longo di Chieti. **Reti:** *43'pt De Carolis (F), 12'st Yuda Canela (S), 30'st Kone (F).* **Note:** ammoniti Fayinkeh (S), Capaldi (F), Curri (F), Allegro (S).

Tornimparte 2002-Amiternina: 1-1

Tornimparte 2002: Ludovisi, Carnicelli, Parisi, Di Marzio, Andreassi (35'st Di Girolamo), Lorenzo Sanderra (42'st Rovo), Civic (10'st A. Miocchi), Cicchetti, L. Paiola (45'st Pokou), M. Miocchi (20'st Coletti), M. Paiola. **All.** Luca Sanderra. **Amiternina:** D'Angelo, Paolucci, Fischione, Traoré Traoré, Angelone (42'st Grossi), Gentile, Lepidi, Bizzini (35'st Maurizi), Del Pinto, Carrozzi (27'st Centi), Vasi. **All.** Di Felice. **Arbitro:** Mattia Buzzelli di Avezzano. **Assistenti:** Francesco Di Marte e Stefano Brandimarte di Teramo. **Reti:** *27'pt Angelone (A), 30'st Lorenzo Sanderra (T).* **Note:** ammoniti Vasi (A), Paolucci (A), M. Paiola (T), Angelone (A), Di Marzio (T).

GIUDICE SPORTIVO

Una gara: S. Esposito (Luco Calcio), G. Florindi e D. D'Alessandro (San Gregorio), S. Fulvi (Montorio 88), C. Albani (Pizzoli), G. Di Marzio (Tornimparte 2002)

24ª GIORNATA – domenica 2 aprile 2023

Amiternina-Luco Calcio	**0-1**
Celano-Pizzoli	**3-1**
Fucense Trasacco-Tornimparte 2002	**1-0**
Hatria-Real C. Guardia Vomano	**1-1**
Pucetta-San Benedetto Venere	**1-1**
San Gregorio-Montorio 88	**0-1**
Tagliacozzo-Scafapassocordone	**2-3**

Amiternina-Luco Calcio: 0-1

Amiternina: D'Angelo, Paolucci, Fischione, Centi (4'st Galeota), Evangelista (18'st Maurizi), Gentile, Lepidi, Bizzini, Del Pinto, Carrozzi (42'st Grossi), Sebastiani. **All.** Di Felice. **Luco Calcio:** Dell'Unto, Mencarini, Mastroianni, Paolini, Ciocci, Shero, Briciu, Cinquegrana, Bour (26'st Pergolini), Torturo (37'st Marini), Di Virgilio. **All.** Scatena. **Arbitro:** Alessio Paolini di Chieti. **Assistenti:** Felice Mazzocchetti e Stefano Coccagna di Teramo. **Rete:** *15'st Di Virgilio.* **Note:** ammoniti Lepidi (A), Mencarini (L), Paolucci (A), Di Virgilio (L), Ciocci (L), Shero (L).

Celano-Pizzoli: 3-1

Celano: Santoro, Micocci, Mione (39'st Di Fabio), Paneccasio (44'st Volpe), Villa, Tabacco, M. D'Amore (35'st G. D'Amore), D'Agostini, Bruni (25'pt Mercogliano), Pollino (29'st Di Gaetano), Albertazzi. **All.** Iodice. **Pizzoli:** Muscato, Di Cesare (29'st Marini), Rugani, Mazza, Grasso, Ponzi (29'st S. Montorselli), Tinari, Ranalli (1'st V. Di Lillo), D'Agostino, Annunziata, Passacantando. **All.** Rainaldi. **Arbitro:** Pierpaolo Costantini di

Pescara. **Assistenti:** Francesco Giuseppe Saltarella di Lanciano e Amedeo Di Nardo Di Maio di Pescara. **Reti:** *46'pt Albertazzi (C), 1'st Pollino (C), 8'st su rigore D'Agostino (P), 30'st Mercogliano (C).* **Note:** espulsi al 44'pt Grasso (P) per condotta violenta e all'8'st Iodice (C) per proteste; ammoniti Albertazzi (C), Tabacco (C), Tinari (P), Mazza (P).

Fucense Trasacco-Tornimparte 2002: 1-0
Fucense Trasacco: Di Domenico, Martinelli (32'st Venditti), Panza (18'st Lippa), Angelucci (18'st Capaldi), D'Amico, Idrofano, De Foglio (26'st Cancelli), Angelini, Curri, Bisegna, De Carolis (4'st Kone). **All.** Gallese. **Tornimparte 2002:** Ludovisi, Carnicelli, Parisi (21'pt Carducci, 38'st Rovo), Lorenzo Sanderra (35'st Pokou), Andreassi, Di Battista, A. Miocchi, Cicchetti, L. Paiola (21'pt Coletti), M. Miocchi, M. Paiola (38'st Spagnoli). **All.** Luca Sanderra. **Arbitro:** Matteo Sacripante di Teramo. **Assistenti:** Alessio Aloisi dell'Aquila e Alessandro Fazzini di Teramo. **Rete:** *30'st Cancelli.* **Note:** ammoniti Angelucci (F), Lorenzo Sanderra (T), Idrofano (F), Cicchetti (T), Curri (F).

Hatria-Real C. Guardia Vomano: 1-1
Hatria: D'Andrea, Pavone, Tancini De Almeida, Ceccani, A. Percuoco, Marotta, Mechiche (19'st Sabir Belaich), Della Sciucca (32'st Quadrini), Novello, Perez, Assogna (19'st Pereyro). **All.** Reitano. **Real C. Guardia Vomano:** D'Andrea, Petrucci, Nardi, Di Bonaventura, Di Giovanni, Di Gianluca, Santone (5'st Bala), Di Giacinto (15'st Spinosi), Gardini (29'st Trento), Cascioli, Di Niso (5'st Selmanaj). **All.** Evangelisti. **Arbitro:** Davide Fusco di Pescara. **Assistenti:** Gianmarco Di Filippo e Francesco Di Marte di Teramo. **Reti:** *30'pt Cascioli (R), 38'st Novello (H).* **Note:** espulsi a fine partita A. Percuoco (H), Novello (H), Petrucci (R) e Forcellese (R) per condotta violenta; ammoniti Di Gianluca (R), Marotta (H), Novello (H), Carpegna (H).

Pucetta-San Benedetto Venere: 1-1
Pucetta: Brassetti, Boukhrais, Di Marco, M. Tuzi, Castellani, A. Tuzi (44'st A. Desideri), Tavani (38'st Dos Reis Viegas), Pascucci, Graziani (22'st Da Conceiçao Pinto), Thedoro De Almeida, Marianella (38'st Federici). **All.** Giannini. **San Benedetto Venere:** Bassi, Cipriani, Di Vittorio, Liberati, Zarini, Severini (44'st Zazzara), Ettorre, Di Pietro (28'st Migliori), Cordischi (26'st Fidanza), Catalli, Del Vecchio (7'st L. Di Genova). **All.** B. Di Genova. **Arbitro:** Francesco Di Rocco di Pescara. **Assistenti:** Angelo Ciocca e Matteo Leli dell'Aquila. **Reti:** *39'pt A. Tuzi (P), 10'st Ettorre (S).* **Note:** ammoniti M. Tuzi (P), Tavani (P), Boukhrais (P), Castellani (P).

San Gregorio-Montorio 88: 0-1

San Gregorio: Di Casimiro, Di Francesco, Rampini, Bravoco, Ricci, M. Di Alessandro (28'st Marchetti), Maisto, Nanni, Menegussi, Mazzaferro, Aljia (22'st Magistro) **All.** Rotili. **Montorio 88:** Rapagnani, Maselli, Monaco, Di Sante, Gridelli, Ndoye (36'st Salvi), Mosca (35'st Pierannunzii), Leonzi, Ridolfi, Chiacchiarelli (18'st Fall), Giancarli. **All.** E. De Amicis. **Arbitro:** Vincenzo De Santis di Avezzano. **Assistenti:** Michelangelo Longo di Chieti e Gjuliano Dodani di Avezzano. **Rete:** *37'pt Mosca.* **Note:** ammoniti Gridelli (M), Ndoye (M), Maisto (S), Leonzi (M), Mazzaferro (S).

Tagliacozzo-Scafapassocordone: 2-3

Tagliacozzo: Oddi Oddi, D. Di Rocco (16'st Di Giovanni), De Luca, Corazza, Rosati, Tabacco (32'st Paolucci), Blasetti, V. Di Rocco, Tullio, Silvestri (7'st Capodacqua), Di Matteo. **All.** Mazzei. **Scafapassocordone:** Rosano, Allegro, Castellucci, Fayinkeh, Silvaggi, Troiano, Graf (12'st Traoré), Pastore (27'st Sciarretta), Cesarone (40'st Odoardi), Yuda Canela, Di Fabio. **All.** De Melis. **Arbitro:** Alessandro Piscopiello di Chieti. **Assistenti:** Matteo Corradi di Avezzano e Valentino Stampone di Lanciano. **Reti:** *7'pt su rigore e 11'pt Yuda Canela (S), 25'pt Di Fabio (S), 42'pt Blasetti (T), 29'st Corazza (T).* **Note:** ammonito De Luca (T).

GIUDICE SPORTIVO

Una gara: N. Novello e A. Percuoco (Hatria), S. Di Gianluca, E. Forcellese e J. Petrucci (Real C. Guardia Vomano), K. Grasso (Pizzoli), X. Shero (Luco Calcio), A. Cicchetti (Tornimparte 2002)

25ª GIORNATA – sabato 8 aprile 2023

Luco Calcio-Fucense Trasacco	2-2
Montorio 88-Pizzoli	2-1
Real C. Guardia Vomano-Amiternina	1-1
San Benedetto Venere-Hatria	1-0
San Gregorio-Pucetta	6-4
Scafapassocordone-Celano	0-1
Tornimparte 2002-Tagliacozzo	1-0

Luco Calcio-Fucense Trasacco: 2-2

Luco Calcio: Dell'Unto, Mencarini, Mastroianni (11'st Diouf), Paolini, Ciocci, Esposito, Briciu, Torturo (45'st Pergolini), Bour, Cinquegrana, Di Virgilio (37'st Angelucci). **All.** Scatena. **Fucense Trasacco:** Di Domenico (21'st A. Scognamiglio), Martinelli, Panza, Angelucci (21'st Capaldi), D'Amico, Idrofano, Fellini (9'st Kone), Angelini (47'st Santucci), Curri, Bisegna, Cancelli. **All.** Gallese. **Arbitro:** Pietro Sivilli di Chieti. **Assistenti:** Matteo Corradi e Emanuele Torrelli di Avezzano. **Reti:** *13'st e 16'st Di Virgilio (L), 49'st Curri (F), 50'st D'Amico (F).* **Note:** espulsi al 52'st Esposito (L) e Martinelli (F) per reciproche scorrettezze; ammoniti Angelini (F), Mastroianni (L), Briciu (L), Panza (F), Capaldi F), Paolini (L).

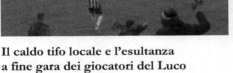

Il caldo tifo locale e l'esultanza
a fine gara dei giocatori del Luco

Montorio 88-Pizzoli: 2-1

Montorio 88: Rapagnani, Maselli, Monaco, Di Sante (36'st Chiacchiarelli), Gridelli, Ndoye, Mosca, Leonzi, Ridolfi, Giancarli (21'st Fall), Fulvi (21'st Salvi). **All.** E. De Amicis. **Pizzoli:** Muscato, Di Cesare (14'st Marini, 47'st Di Stefano), Ponzi, Mazza (24'st Tinari), Albani, Rugani, S. Montorselli (10'st G. Di Lillo), V. Di Lillo, D'Agostino, Annunziata (36'st M. Montorselli), Passacantando. **All.** Rainaldi. **Arbitro:** Alessio Paolini di Chieti. **Assistenti:** Alessandro Fusella e Cristian Di Virgilio di Chieti. **Reti:** *46'pt Fulvi (M), 35'st Tinari (P), 50'st Ridolfi (M).* **Note:** espulsi al 19'st Leonzi (M) per condotta violenta e a fine gara Albani (P) per comportamento provocatorio; ammoniti Ndoye (M), Gridelli (M), Di Cesare (P), Mazza (P), Monaco (M), Ridolfi (M).

Real C. Guardia Vomano-Amiternina: 1-1

Real C. Guardia Vomano: D'Andrea, Selmanaj, Nardi, Di Bonaventura, Di Giovanni, Spinosi, Bala, Di Giacinto (14'st Arrighetti), Gardini, Cascioli, Di Niso. **All.** Evangelisti. **Amiternina:** D'Angelo, Paolucci, Angelone, Maurizi (38'st Centi), Caresta, Gentile, Fischione, Lepidi, Del Pinto, Sebastiani, Grossi (17'st Vasi). **All.** Di Felice. **Arbitro:** Federico Di Caro di Chieti. **Assistenti:** Steve Terrenzi di Pescara e Marco Ragozzino di Chieti. **Reti:** *47'pt Maurizi (A), 45'st su rigore Gardini (R).* **Note:** ammoniti Paolucci (A), Maurizi (A), Sebastiani (A), Del Pinto (A).

San Benedetto Venere-Hatria: 1-0

San Benedetto Venere: Bassi, Cipriani, Di Vittorio (34'st Gramegna), Liberati (27'st Di Pippo), Zarini, Severini, Ettorre, Migliori (14'st Di Pietro), Mancini (29'st D'Agostino), Catalli, Cordischi (17'st Zazzara). **All.** B. Di Genova. **Hatria:** D'Andrea, Pavone, Pereyro, Ceccani (20'st Quadrini), Tancini De Almeida, Marotta, Sabir Belaich, Della Sciucca, Assogna, Perez, Mechiche. **All.** Reitano. **Arbitro:** Antonio Diella di Vasto. **Assistenti:** Nicola De Ortentiis e Filippo Giancaterino di Pescara. **Rete:** *17'st Catalli.* **Note:** ammoniti Migliori (S), Mechiche (H).

San Gregorio-Pucetta: 6-4

San Gregorio: Meo, Florindi (25'st Alija), Marchetti (37'st Barretta), Bravoco, Ricci, Di Francesco, Maisto (47'st Felline), Nanni, Menegussi, Mazzaferro (44'st Antonacci), D. Di Alessandro. **All.** Rotili. **Pucetta:** Brassetti (45'st Colella), Boukhrais, Di Marco, M. Tuzi, Castellani, A. Tuzi, Federici (44'st Capodacqua), Pascucci, Da Conceiçao Pinto (35'st Graziani), Theodoro De Almeida, Dos Reis Viegas (27'st Marianella). **All.** Giannini. **Arbitro:** Augusto Di Girolamo di Teramo. **Assistenti:** Igor Ciprietti e Alessandro Fazzini di Teramo. **Reti:** *3'pt D. Di Alessandro (S), 31'pt Boukhrais (P), 33'pt Dos Reis Viegas (P), 40'pt Di Marco (P), 45'pt, 45'st e 47'st Maisto (S), 27'st Theodoro De Almeida (P), 39'st Marchetti (S), 44'st Menegussi (S).* **Note:** ammoniti Florindi (S), Marchetti (S), Da Conceiçao Pinto (P), Mazzaferro (S).

Scafapassocordone-Celano: 0-1

Scafapassocordone: Rosano, Colangelo (32'st Traoré), Castellucci, Giusti, Silvaggi, Troiano, Graf, Pastore, Di Fabio (16'st Cesarone), Yuda Canela, Cissé (43'st Fayinkeh). **All.** De Melis. **Celano:** Santoro, Micocci, Mione, Paneccasio (25'st Albertazzi), Tabacco, Di Fabio, M. D'Amore (35'st G. D'Amore), D'Agostini (30'st Volpe), Bruni (40'st Mercogliano), Kras, Pollino (14'st Di Gaetano). **All.** Iodice. **Arbitro:** Francesco Battistini di

Lanciano. **Assistenti:** Felice Mazzocchetti di Teramo e Benedetta Bologna di Vasto. **Rete:** *38'pt Pollino.* **Note:** ammoniti Cissè (S), D'Agostini (C), Troiano (S), Santoro (C), Di Fabio (C).

Tornimparte 2002-Tagliacozzo: 1-0

Tornimparte 20002: Lopocaro, Rovo, Parisi, Di Marzio, Carnicelli, Di Battista. A. Miocchi (17'st Coletti), Lorenzo Sanderra (38'st Ciotti), L. Paiola (47'st Pokou), M. Miocchi, Spagnoli (38'st Civic). **All.** Luca Sanderra. **Tagliacozzo:** Oddi Oddi, D. Di Rocco, De Luca, Corazza, Rosati (9'st Di Giovanni), Tabacco, Blasetti, V. Di Rocco (30'st Di Matteo), Tullio, Silvestri (43'st Paolucci), De Roccis. **All.** Mazzei. **Arbitro:** Andrea Tieri di Pescara. **Assistenti:** Leonardo Candeloro di Pescara e Marina Simonetta Groth di Teramo. **Rete:** *23'pt Spagnoli.* **Note:** ammoniti Rosati (Ta), Loporcaro (To), D. Di Rocco (Ta).

GIUDICE SPORTIVO

Una gara: M. Martinelli e A. Angelini (Fucense Trasacco), S. Esposito (Luco Calcio), V. Leonzi e E. Monaco (Montorio 88), C. Albani e M. Mazza (Pizzoli), D. Paolucci (Amiternina), D. Mazzaferro (San Gregorio), A. Migliori (San Benedetto Venere), M. Rosati (Tagliacozzo)

26ª GIORNATA – domenica 16 aprile 2023

Amiternina-San Benedetto Venere	**1-4**
Celano-Tornimparte 2002	**4-1**
Fucense Trasacco-Real C. Guardia Vomano	**1-1**
Hatria-San Gregorio	**0-0**
Pizzoli-Scafapassocordone	**1-1**
Pucetta-Montorio 88	**1-1**
Tagliacozzo-Luco Calcio	**0-5**

Amiternina-San Benedetto Venere: 1-4

Amiternina: D'Angelo, Fischione, Angelone, Bizzini (21'st Carrozzi), Caresta, Gentile (40'st Galeota), Lepidi (44'st Evangelista), Maurizi (30'st

Liberatore), Del Pinto, Sebastiani, Vasi. **All.** Di Felice. **San Benedetto Venere:** Bassi, Cipriani (43'st Callocchia), Di Vittorio, Liberati, Zarini, Severini (46'st Di Pippo), Ettorre (39'st Cordischi), Del Vecchio (33'st Zazzara), Fidanza (17'st Mancini), Catalli, Gramegna. **All.** B. Di Genova. **Arbitro:** Niko Pellegrino di Teramo. **Assistenti:** Benedetta Bologna di Vasto e Diana Di Meo di Pescara. **Reti:** *20'pt e 37'st Ettorre (S), 25'pt Bizzini (A), 37'st Catalli (S), 45'st Zazzara (S).* **Note:** nessun espulso; nessun ammonito.

Da sinistra a destra: una bella sciarpata del tifo ospite e il saluto finale della squadra luchese, impostasi con una "manita" al Tagliacozzo

Celano-Tornimparte 2002: 4-1

Celano: Santoro, Micocci, Mione, Paneccasio (20'st Albertazzi), Tabacco, Di Fabio (36'st Villa), M. D'Amore, D'Agostini (34'st Volpe), Bruni (39'st Mercogliano), Pollino (34'st Di Gaetano), Kras. **All.** Iodice. **Tornimparte 2002:** Ludovisi, Carnicelli, Parisi, Di Marzio (20'st A. Miocchi), Andreassi (40'st Ribeiro Rocha), Di Battista, Lorenzo Sanderra (34'st Civic), Cicchetti, Coletti (20'st L. Paiola), M. Miocchi, M. Paiola (20'st Spagnoli). **All.** Luca Sanderra. **Arbitro:** Pierludovico Arnese di Teramo. **Assistenti:** Steven Terrenzi di Pescara e Matteo Nunziata di Sulmona. **Reti:** *23'pt Pollino (C), 35'pt Coletti (T), 45'pt Tabacco (C), 30'st Kras (C), 33'st Albertazzi (C).* **Note:** ammoniti M. Paiola (T), M. D'Amore (C), Di Fabio (C), Di Marzio (T), Coletti (T), Micocci (C).

Fucense Trasacco-Real C. Guardia Vomano: 1-1

Fucense Trasacco: Di Domenico, Fellini, Venditti, Capaldi, D'Amico, Esposito, Cancelli, Santucci (1'st Idrofano), Curri (35'st De Carolis), Bisegna, Rametta (16'st Grande). **All.** Gallese. **Real C. Guardia Vomano:** Manizzi, Dezzi, Mattiucci (12'pt Petrucci), Di Bonaventura (1'st Selmanaj),

Spinosi (26'st Gardini), Nardi, Santone (19'st Bala), Di Gianluca (10'st Montini), Trento, Di Niso, Arrighetti. **All.** Evangelisti. **Arbitro:** Ferdinando Carluccio dell'Aquila. **Assistenti:** Michelangelo Longo di Chieti e Amedeo Di Nardo Di Maio di Pescara. **Reti:** *8'pt Bisegna (F), 31'st Di Niso (R).* **Note:** nessun espulso; nessun ammonito.

Hatria-San Gregorio: 0-0

Hatria: D'Andrea, Pavone, Tancini De Almeida, Ceccani, A. Percuoco, Marotta, Quadrini (15'st Assogna), Della Sciucca, Novello (20'st Carpegna), Perez, Mechiche (40'st Sabir Belaich). **All.** Reitano. **San Gregorio:** Di Casimiro, Di Francesco, Marchetti, Bravoco, Ricci, Antonacci, Maisto, Nanni, Menegussi, D. Di Alessandro (33'st Felline), Alija. **All.** Rotili. **Arbitro:** Francesco Colanzi di Lanciano. **Assistenti:** Stefano Giampietro e Paolo Di Carlo di Pescara. **Note:** nessun espulso; nessun ammonito.

Pizzoli-Scafapassocordone: 1-1

Pizzoli: Muscato, Ponzi, Di Stefano (29'st G. Di Lillo), Annunziata, Grasso, Rugani, Tinari, Ranalli (34'st S. Montorselli), D'Agostino, V. Di Lillo, Passacantando. **All.** Rainaldi. **Scafapassocordone:** Rosano, Colangelo, Castellucci, Giusti (26'st Fayinkeh), Silvaggi, Troiano, Graf (15'st Cesarone), Pastore, Di Fabio, Yuda Canela (38'st Traoré), Cissé (34'st Allegro). **All.** De Melis. **Arbitro:** Mattia Buzzelli di Avezzano. **Assistenti:** Federico Amelii e Stefano Brandimarte di Teramo. **Reti:** *6'pt autorete (S), 43'st su rigore D'Agostino (P).* **Note:** espulsi al 26'st M. Montorselli (P) per proteste, al 52'st D'Agostino (P) per condotta violenta e Colangelo (S) per somma di ammonizioni; ammoniti Tinari (P), Grasso (P), Yuda Canela (S), Ranalli (P).

Pucetta-Montorio 88: 1-1

Pucetta: Colella, Boukhrais, A. Desideri (30'st Capodacqua), M. Tuzi, Castellani, A. Tuzi (12'st Di Marco), Bernabale (44'st M. Desideri), Pascucci, Da Conceiçao Pinto, Theodoro De Almeida, Dos Reis Viegas (45'st Maceroni). **All.** Giannini. **Montorio 88:** Angelozzi, Marini, Fall, Di Sante, Gridelli, Ndoye, Mosca, Giancarli, Ridolfi, Chiacchiarelli, Fulvi. **All.** E. De Amicis. **Arbitro:** Federico Di Caro di Chieti. **Assistenti:** Nicola De Ortentiis di Pescara e Giorgia Orecchioni di Lanciano. **Reti:** *1'st Di Marco (P), 32'st Chiacchiarelli (M).* **Note:** ammoniti Dos Reis Viegas (P), Maceroni (P).

Tagliacozzo-Luco Calcio: 0-5

Tagliacozzo: Oddi Oddi, D. Di Rocco, De Luca, Corazza (26'st Di Giovanni), Rossi, Tabacco, Blasetti (20'st Di Matteo), V. Di Rocco, Tullio (39'st Piacente), Silvestri (13'st Capodacqua), De Roccis. **All.** Mazzei. **Luco**

Calcio: Dell'Unto, Mencarini (30'st Di Giampietro), Bour, Paolini, Ciocci, Shero, Nazzicone (13'st Mastroianni), Torturo, Diouf, Cinquegrana (34'st Cirelli), Di Virgilio. **All.** Scatena. **Arbitro:** Stanisalv Ungureanu di Lanciano. **Assistenti:** Matteo Leli e Pavel Babicenco dell'Aquila. **Reti:** *2'pt, 24'st e 43'st Di Virgilio, 20'pt Torturo, 40'st Ciocci.* **Note:** ammoniti De Roccis (T), Paolini (L).

GIUDICE SPORTIVO

Una gara: T. D'Agostino e M. Montorselli (Pizzoli), M. D'Amore (Celano), M. Colangelo (Scafapassocordone)

CLASSIFICA FINALE GIRONE A

squadre	punti	gare	vinte	nulle	perse	reti f.	reti s.	diff.
San Benedetto V.	56	26	16	8	2	59	24	+35
Celano	56	26	17	5	4	49	24	+25
Montorio 88	50	26	15	5	6	44	30	+14
San Gregorio	43	26	11	10	5	43	30	+13
Real C. GuardiaV.	38	26	10	8	8	29	27	+2
Amiternina	36	26	10	6	10	34	33	+1
Pucetta	35	26	10	5	11	44	39	+5
Fucense Trasacco	34	26	9	7	10	36	38	-2
Hatria	33	26	9	6	11	22	28	-6
Tornimparte 2002	31	26	9	4	13	33	36	-3
Pizzoli	30	26	8	6	12	28	39	-11
Scafapassocord.	28	26	8	4	14	30	38	-8
Luco Calcio	26	26	7	5	14	30	41	-11
Tagliacozzo	9	26	2	3	21	18	72	-54

SPAREGGIO PER IL PRIMO POSTO
sabato 23 aprile ad Avezzano – stadio "dei Marsi"

San Benedetto Venere-Celano: 1-2 (dts)

San Benedetto Venere: Bassi, Cipriani, Di Vittorio, Liberati, Zarini, Severini, Ettorre, Del Vecchio (28'st Cordischi), Fidanza (16'st Zazzara), Catalli, Gramegna (6'pts Migliori). **All.** B. Di Genova. **Celano:** Santoro, Micocci, Mione, Paneccasio (20'st Albertazzi), Tabacco, Di Fabio, G. D'Amore, D'Agostini (13'pts Volpe), Bruni (15'sts Villa), Kras, Pollino (44'st Di Gaetano). **All.** Iodice. **Arbitro:** Luca Di Monteodorisio di Vasto. **Assistenti:** Claudio Habazaj dell'Aquila e Mirco Monaco di Chieti. **Reti:** *13'pt Catalli (S), 6'st e 2'sts Bruni (C).* **Note:** espulsi al 13'sts Micocci (C) per somma di ammonizioni e al 14'sts Cipriani (S) per proteste; ammoniti D'Agostini (C), Zarini (S), Albertazzi (C), Severini (C), Migliori (S), Zazzara (S), Bruni (C).

GIUDICE SPORTIVO

Due gare: P. Cipriani (San Benedetto Venere); **una gara:** V. Micocci e F. D'Agostini (Celano), A. Severini (San Benedetto Venere)

SEMIFINALE PLAY OFF
domenica 30 aprile

Montorio 88-San Gregorio: 1-0

Montorio 88: Rapagnani, Maselli, Monaco, Di Sante, Gridelli, Ndoye, Mosca (30'st Salvi), Fall (43'st Giancarli), Ridolfi, Chiacchiarelli (35'st Fulvi), Leonzi. **All.** E. De Amicis. **San Gregorio:** Di Casimiro, Di Francesco, Marchetti (23'st M. Di Alessandro), Bravoco, Ricci, Romano (35'st Felline), Maisto (14'st D. Di Alessandro), Nanni (11'st Mazzaferro), Menegussi, Alija (33'st Magistro), Antonacci. **All.** Rotili. **Arbitro:** Pietro Sivilli di Chieti. **Assistenti:** Annalisa Giampietro e Davide Donatelli di Pescara. **Rete:** *42'pt Chiacchiarelli.* **Note:** ammoniti Di Francesco (S), Leonzi (M), Fall (M), Ricci (S), Mosca (M).

SEMIFINALI PLAY OUT
domenica 30 aprile

Pizzoli-Scafapassocordone: 1-0

Pizzoli: Muscato, Ponzi, Di Stefano (32'st Di Cesare), Mazza, Albani, Rugani, Tinari (50'st Serpetti), Ranalli (17'st Annunziata), S. Montorselli (32'st G. Di Lillo), V. Di Lillo, Passacantando. **All.** Rainaldi. **Scafapassocordone:** Rosano, Giusti, Castellucci (45'st Fiore), Fayinkeh, Silvaggi, Troiano, Traoré, Pastore (25'st Allegro), Di Fabio (35'st Cesarone), Yuda Canela, Graf. **All.** De Melis. **Arbitro:** Pierludovico Arnese di Teramo. **Assistenti:** Federico Cocco e Giorgia Orecchioni di Lanciano. **Rete:** *10'st Rugani.* **Note:** espulso al 48'st Gioia (P) per proteste; ammoniti Rugani (P), Mazza (P), Ranalli (P), Yuda Canela (S), Albani (P), Silvaggi (S), Di Cesare (P).

A sinistra la formazione ospite; qui sopra: i padroni di casa del Pizzoli

Tornimparte 2002-Luco Calcio: 0-1

Tornimparte 2002: Ludovisi, Andreassi, Parisi, Di Marzio, Carnicelli, Di Battista, A. Miocchi (25'st Spagnoli), Lorenzo Sanderra, L. Paiola, M. Miocchi, M. Paiola (32'st Pokou). **All.** Luca Sanderra. **Luco Calcio:** Dell'Unto, Ciocci, Mencarini, Paolini, Esposito, Shero, Briciu, Torturo (22'st Di Giampietro), Diouf, Bour, Di Virgilio. **All.** Scatena. **Arbitro:** Francesco Di Rocco di Pescara. **Assistenti:** Antonio Bruno di Lanciano e Michelangelo Longo di Chieti. **Rete:** *46'pt Torturo.* **Note:** ammoniti Bour (L), M. Miocchi (T), Briciu (L), Paolini (L), Lorenzo Sanderra (T).

GIUDICE SPORTIVO

Una gara: M. Gioia (Pizzoli)

FINALE PLAY OFF
domenica 7 maggio

San Benedetto Venere-Montorio 88: 2-3 (dts)

San Benedetto Venere: Bassi, Callocchia, Di Vittorio, Liberati, Zarini, Di Pippo (15'st Cordischi), Ettore, Del Vecchio (49'st Fidanza), Gramegna (40'st Migliori), Catalli, Zazzara (28'st L. Di Genova). **All.** B. Di Genova. **Montorio 88:** Rapagnani, Maselli (28'st Salvi), Monaco, Di Sante (49'st Giovannone), Gridelli, Ndoye, Mosca, Leonzi, Ridolfi (34'st Fulvi), Chiacchiarelli (45'st Pierannunzi), Giancarli (38'st Fall). **All.** E. De Amicis. **Arbitro:** Francesco Battistini di Lanciano. **Assistenti:** Francesco Mascitelli di Lanciano e Davide D'Adamo di Vasto. **Reti:** *8'pt Ettore (S), 29'pt Mosca (M), 6'sts Gramegna (S), 8'sts Leonzi (M), 11'sts Ridolfi (M).* **Note:** ammoniti Ridolfi (M), Mosca (M), Ndoye (M), Di Pippo (S), Salvi (M), Callocchia (S).

FINALE PLAY OUT
domenica 7 maggio

Tornimparte 2002-Scafapassocordone: 1-0

Tornimparte 2002: Ludovisi, Carnicelli, Parisi, Di Marzio, Andreassi, Di Battista, Lorenzo Sanderra (40'st Rovo), Cicchetti, L. Paiola (29'st Coletti, 49'st Pokou), M. Miocchi, M. Paiola (36'st Santarelli). **All.** Luca Sanderra. **Scafapassocordone:** Rosano, Colangelo, Castellucci (41'st Odoardi), Giusti, Silvaggi, Troiano (36'st Di Fabio), Traoré, Pastore (36'st Fayinkeh), Cesarone, Yuda Canela, Graf. **All.** De Melis. **Arbitro:** Niko Pellegrino di Teramo. **Assistenti:** Federico Amelii e Stefano Brandimarte di Teramo.

Rete: *17'st Di Marzio.* **Note:** ammoniti Di Marzio (T), Giusti (S), Troiano (S), Loporcaro (T), Lorenzo Sanderra (T), Rovo (T).

Da sinistra, il Tornimparte 2002 e un momento del match disputato e perso (sul proprio terreno) per mano del Luco Calcio

Una gara: M. Mosca (Montorio 88), Lorenzo Sanderra (Tornimparte 2002)

CLASSIFICA MARCATORI

24 reti: G. Catalli (San Benedetto Venere, 5 rigori)

16 reti: A. Di Virgilio (Luco Calcio, 4 rigori)

14 reti: W. Ridolfi (Montorio 88, 2 rigori), R. Theodoro De Almeida (Pucetta, 3 rigori), A. Ettorre (San Benedetto Venere)

12 reti: N. Gardini (Real C. Guardia Vomano, 4 rigori), I. Anaya Ruiz (San Gregorio, un rigore)

Il capocannoniere del girone Giuseppe Catalli

10 reti: M. Bruni (Celano, un rigore), M. Mosca (Montorio 88, 3 rigori), M. Chiacchiarelli (Mosciano/Montorio 88, un rigore)

8 reti: H. Yuda Canela (Scafapassocordone, un rigore), L. Paiola (Tornimparte 2002), M. Bizzarri (Real C. Guardia Vomano/Fontanelle, 2 rigori)

7 reti: M. Del Pinto (Amiternina), L. Curri (Fucense Trasacco, 2 rig.), M. Cascioli (Real C. Guardia Vomano)

6 reti: F. Pollino, M. D'Amore e G. Di Gaetano (Celano), M. Bisegna (un rigore) e M. Cancelli (Fucense Trasacco), E. Piri (4 rigori) e G. Tinari

(Pizzoli), M. Mancini (San Benedetto Venere), T. Menegussi (San Gregorio), M. Cissé (Scafapassocordone), A. Torturo (Tagliacozzo/Luco Calcio, 2 rigori), M. Miocchi (Tornimparte 2002, 2 rigori)

5 reti: S. Sebastiani (Amiternina, un rigore), F. Perez (Hatria), T. D'Agostino (Pizzoli, 2 rig.), A. Di Marco (Pucetta), G. Cordischi e G. Zazzara (San Benedetto Venere), D. Mazzaferro (San Gregorio, un rigore), S. Antonacci (Scafapassocordone, un rigore), C. Coletti (un rigore) e G. Di Marzio (Tornimparte 2002)

4 reti: J. Ludovici (Amiternina), N. Mercogliano (Celano), C. De Carolis (Fucense Trasacco, 2 rigori), N. Novello (Hatria, un rigore), V. Leonzi e M. Ndoye (Montorio 88), V. Di Lillo (Pizzoli), L. Carosone e C. Marianella (Pucetta)

3 reti: D. Carrozzi (Amiternina), C. Paneccasio e A. Di Giovambattista (Celano), A. Angelini e M. D'Amico (Fucense Trasacco), F. Carpegna (Hatria), P. Diouf (Luco Calcio), S. Fulvi e R. Giancarli (Montorio 88), V. Da Conceiçao Pinto (un rigore) e M. Tuzi (Pucetta), F. Zarini (San Benedetto Venere), P. Maisto, M. Nanni (2 rigori) e M. Marchetti (San Gregorio), A. Traoré (un rigore) e F. Pizzola (Scafapassocordone, 2 rigori), M. Corazza (Tagliacozzo), M. Paiola (Tornimparte 2002)

2 reti: D. Bizzini, F. Maurizi, F. Angelone, N. Fischione, S. Traoré Traoré, A. Espada Goya (un rigore) e M. Herrera Afonso (Amiternina, un rigore), N. Kras, R. Albertazzi, M. Palombizio, M. Libonatti (un rigore) e M. Di Fabio (Celano), M. Kone (Fucense Trasacco), G. Assogna e J. Quadrini (Hatria), A. Torturo (Luco Calcio), A. Patrizi (Pizzoli), F. Dos Reis Viegas (Pucetta), S. Bala (Real C. Guardia Vomano), M. Del Vecchio (San Benedetto Venere), D. Ricci e A. Magistro (San Gregorio), L. Graf e A. Di Fabio (Scafapassocordone), N. De Luca e F. De Roccis (Tagliacozzo), A. Miocchi (Tornimparte 2002)

**Qui sopra da sinistra, alcuni calciatori dal gol facile:
Maurizio Chiacchiarelli, Ignacio Anaya Ruiz,
Henrique Yukio Yuda Canela e Emiljan Piri**

SQUADRA IDEALE

1	Vincenzo BASSI (San Benedetto Venere)
2	Jacopo PETRUCCI (Real C. Guardia Vomano)
3	Lucas PEREYRO (Hatria)
4	D. DI ALESSANDRO (San Gregorio)
5	Nicholas FISCHIONE (Amiternina)
6	Marco IDROFANO (Fucense Trasacco)
7	Walter RIDOLFI (Montorio 88)
8	Nikolas KRAS (Celano)
9	Alberto DI VIRGILIO (Luco Calcio)
10	Ricardo THEODORO DE ALMEIDA (Pucetta)
11	Giuseppe CATALLI (San Benedetto Venere)
All.	Fabio IODICE (Celano)

In alto da sinistra verso destra: Marco Idrofano e il talentuoso
brasiliano Ricardo Theodoro De Almeida; qui sopra, da sinistra:
Nikola Kras, l'allenatore Fabio Iodice e Walter Ridolfi

RECORDS

maggior numero di punti	56	Celano e San Benedetto Venere
minor numero di punti	9	Tagliacozzo
maggior numero di vittorie	17	Celano
minor numero di vittorie	2	Tagliacozzo
maggior numero di pareggi	10	San Gregorio
minor numero di pareggi	3	Tagliacozzo
maggior numero di sconfitte	21	Tagliacozzo
minor numero di sconfitte	2	San Benedetto Venere
miglior attacco	59	San Benedetto Venere
miglior difesa	24	Celano e San Benedetto Venere
peggior attacco	18	Tagliacozzo
peggior difesa	72	Tagliacozzo
migliore differenza reti	+35	San Benedetto Venere
peggiore differenza reti	-54	Tagliacozzo
miglior realizzatore	24 reti	G. Catalli (San Benedetto Venere)

Il Celano, promosso in Eccellenza tramite spareggio

I VERDETTI FINALI

Promossa in Eccellenza: Celano
Retrocesse in Prima categoria: Scafapassocordone, Tornimparte 2002 e Tagliacozzo

91

STATISTICHE INDIVIDUALI

AMITERNINA – 29 atleti utilizzati

cognome e nome giocatori	anno	gare	sost. fatte	sost. avute	reti	turni squalif.
Cordoba Perez Francisco Javier	2001	7	0	1	0	0
Gentile Federico	2002	24	6	2	0	1
Galeota Tommaso	2004	15	15	0	0	0
Lepidi Nico	2003	24	5	7	0	1
Berilli Luca	2004	1	1	0	0	0
Linares Robles José Ignacio	1999	13	13	0	1	0
Traoré Traoré Sekou	1997	22	0	3	2	1
Herrera Afonso Marco Antonio	1997	20	0	2	2	0
Vasi Francesco	2004	24	6	10	0	0
Fischione Nicholas	2001	24	1	4	2	0
Sebastiani Simone	1999	23	0	6	5	0
Del Pinto Damiano	1998	21	4	7	7	0
Espada Goya Andres	1993	3	1	1	2	0
Alfonsi Lorenzo	1999	1	0	1	0	0
Carrozzi Daniel	2004	22	11	5	3	1
Ludovici Jesin	2001	7	0	2	4	0
Paolucci Davide	2003	22	1	6	0	2
Bizzini Diego	2002	23	0	10	2	1
Angelone Filippo	2001	18	6	4	2	0
D'Angelo Nunzio	2000	20	1	0	0	0
Rossi Ignacio	1997	1	1	0	0	0
Maurizi Francesco	2006	10	8	2	2	0

Centi Thomas	1994	11	5	3	0	0
Bonifazi Federico	2003	1	1	0	0	0
Ruggeri Matteo	2004	1	1	0	0	0
Evangelista Davide	2004	3	2	1	0	0
Morelli Andrea	1999	0	0	0	0	1
Grossi Leonardo	2003	3	2	1	0	0
Caresta Angelo	2006	2	2	0	0	0
Liberatore Tommaso	2004	1	1	0	0	0

cognome e nome allenatori	panchine totalizzate	media punti
Di Felice Candido	26 (dalla 1ª alla 26ª giornata)	1,38

In alto a sinistra: il terzetto composto da Marcos Antonio Herrra Afonso, Simone Sebastiani e Sekou Traoré Traoré.
In alto a destra, due under, entrambi del 2004: Daniel Carrozzi e Francesco Vasi.
Qui accanto a sinistra, mister Candido Di Felice.
In basso a sinistra: il presidente Renato Sebastiani (al centro) affiancato dai vice-presidenti Maurizio Colantoni (a sinistra) e Marino Sarra (a destra)

CELANO – 29 atleti utilizzati

cognome e nome giocatori	anno	gare	sost. fatte	sost. avute	reti	turni squalif.
Santoro Giuseppe	1987	21	0	1	0	0
Scolari Simone	2005	18	3	1	0	0
Mione Giovanni	1988	25	1	1	0	1
D'Agostini Francesco	2005	18	6	7	0	1
Tabacco Antonello	1990	24	1	2	1	1
Villa Giacomo	1989	19	6	0	1	0
Di Fabio Mirko	1989	21	1	3	2	1
Di Gaetano Giovanni	1990	23	13	10	6	0
Albertazzi Renato	1992	18	14	1	2	1
Paneccasio Christian	2000	27	0	7	3	0
Libonatti Misael Alexis	1992	6	1	4	2	0
Palombizio Marcello	2003	8	8	0	2	0
Kras Nikolas	1989	25	0	3	2	0
D'Amore Michele	2005	26	1	17	6	1
Volpe Mattia	2003	6	5	1	0	0
D'Amore Giuseppe	2004	14	12	1	0	0
Fidanza Nino	2000	10	3	6	0	0
Michetti Mattia	2005	2	2	0	0	0
Mercogliano Nicolò	1995	19	8	7	4	2
Rossi Andrea	2003	2	2	0	0	0
Di Giovambattista Andrea	2002	12	6	3	3	0

Bentivoglio Matteo	2003	2	0	2	0	0
Pierleoni Alessandro	2004	1	1	0	0	0
Pollino Filippo	1997	12	1	10	6	1
Mastronardi Andrea	2005	5	1	0	0	0
Bruni Mattia	1999	14	0	4	10	0
Calderaro Giacomo	1998	5	2	3	0	0
Micocci Velio	2002	13	1	4	0	1
Ranieri Simone	2006	1	1	0	0	0

cognome e nome allenatori	panchine totalizzate	media punti
Celli Dario	5 (dalla 1ª alla 5ª giornata)	1,60
Iezzi Lorenzo	1 (6ª giornata)	3,00
Iodice Fabio	21 (dalla 7ª alla 26ª giornata + spareggio promozione)	2,28

In alto a sinistra: lo staff tecnico; in alto a destra, Giovanni Di Gaetano. Di lato, Renato Albertazzi; qui sopra da sinistra a destra: Giuseppe D'Amore, Francesco D'Agostini, Simone Scolari e Antonello Tabacco

95

FUCENSE TRASACCO – 31 atleti utilizzati

cognome e nome giocatori	anno	gare	sost. fatte	sost. avute	reti	turni squalif.
Leone Luca	1984	3	1	0	0	0
Grande Antonio	2005	11	8	3	0	0
Di Prisco Michele	2004	3	2	0	0	0
Fellini Vincenzo	1998	17	2	5	0	1
Kone Mami	2000	20	13	4	2	0
D'Alessio Giovanni	2002	9	4	3	0	0
Capaldi Fernando	2002	25	5	6	1	1
D'Amico Matteo	1993	20	0	2	3	0
Idrofano Marco	1986	23	3	0	1	0
Commesso Aniello	2003	3	1	3	0	0
Abagnale Ciro	2003	9	4	4	0	0
Santucci Mirko	1996	10	1	2	0	0
Curri Lirim	1999	25	1	5	7	0
Angelini Alessandro	1991	21	2	5	3	2
Cancelli Manuel	2001	25	5	5	6	0
Colella Giammarco	2005	4	0	1	0	0
Cesile Mario	2003	4	0	2	0	0
Scancella Luca	1995	8	3	1	0	0
Ferrazza Lorenzo	2004	8	5	2	0	1
Esposito Emidio	1991	3	2	0	0	3

Venditti Daniele	1995	18	2	1	1	2
Scognamiglio Armando	2005	11	4	0	0	0
Di Domenico Mirko	2003	13	3	3	0	0
Rametta Riccardo	2005	6	3	3	1	0
De Carolis Cristian	2001	15	8	4	4	0
Bisegna Michele	1989	15	0	1	6	0
Angelucci Walter	2004	12	0	9	0	0
Martinelli Matteo	2001	12	3	6	0	1
De Foglio Jacopo	2000	11	0	5	1	0
Panza Riccardo	2003	8	3	1	0	0
Lippa Sebastiano	2006	1	1	0	0	0

cognome e nome allenatori	panchine totalizzate	media punti
Gallese Antonello	26 (dalla 1ª alla 26ª giornata)	1,30

HATRIA – 28 atleti utilizzati

cognome e nome giocatori	anno	gare	sost. fatte	sost. avute	reti	turni squalif.
D'Andrea Alessandro	1996	25	0	0	0	0
Pavone Alessandro	2004	19	5	2	1	0
Manco Flavio	2003	13	2	0	0	0
Ceccani Christian Emanuele	1991	25	1	4	1	0
Tancini De Almeida Evandro	1999	25	3	6	1	0
Marotta Francesco	1981	23	3	4	1	1
Quadrini Julian Andres	1996	19	11	7	2	0
Medeiros Alessandro	2003	3	2	1	0	0
Di Niso Alessandro	2003	12	1	6	0	0
Carpegna Franco	1995	19	10	7	3	0
Novello Nicolas Armando	1992	20	4	8	4	2
Della Sciucca Matteo	1995	26	6	5	0	0
Zippilli Giordano	2000	12	9	2	0	0
Pereyro Lucas	2001	22	5	5	0	2
Mastramico Cristian	1990	15	3	2	0	2
De Simone Andrea	2004	3	2	1	0	0
Pelusi Andrea	1997	1	0	0	0	0

Assogna Giacomo	2001	22	9	10	2	0
Renzetti Alessandro	2005	8	3	2	0	0
Di Iulio Federico Matteo	2005	2	2	0	0	0
Mboup Serigne Bara	2003	5	4	1	0	0
Sabir Belaich Bilal	2004	19	6	10	1	0
Percuoco Antonio	2002	12	1	0	0	3
Percuoco Francesco	2005	5	3	1	0	0
Ruiz Paez Santiago Nahuel	1998	3	1	1	0	0
Boccabella Jacopo	2005	1	1	0	0	0
Perez Facundo	1999	13	0	5	5	0
Mechiche Yanis Liam	2004	12	0	7	1	0

cognome e nome allenatori	panchine totalizzate	media punti
Reitano Gianpiero	26 (dalla 1ª alla 26ª giornata)	1,26

In alto da sinistra, il co-presidente Carmine Consorti
e il mister Gianpiero Reitano. Qui sopra due calciatori:
Nicolas Armando Novello e Franco Carpegna

LUCO CALCIO – 37 atleti utilizzati

cognome e nome giocatori	anno	gare	sost. fatte	sost. avute	reti	turni squalif.
Venditti Walter	2004	6	1	4	0	0
Paolini Giorgio	1994	23	3	4	0	0
Amanzi Piergiorgio	1998	1	1	0	1	2
Esposito Simone	1997	21	2	3	1	2
Fedele Alessandro	2004	4	2	1	0	0
Angelucci Walter	2004	4	1	2	0	0
Battista Luca	2003	11	1	5	0	0
Villa Lorenzo	2001	5	3	0	0	0
Cinquegrana Giovanni	1996	21	2	9	0	3
Secondo Jacopo	1998	12	7	1	0	0
Pergolini Lorenzo	2004	13	9	3	0	1
Cherubini Vinicio	2001	4	3	1	0	0
Shala Rystem	1997	8	2	1	1	1
Dell'Unto Marcello	2001	16	2	4	0	0
Ciocci Alessandro	1997	23	0	4	1	2
Mencarini Ivan	2003	25	1	2	0	0
Venditti Renato	1985	18	0	2	1	6
Di Virgilio Alberto	1994	22	1	9	16	1

Micocci Velio	2002	5	2	1	0	2
Venditti Francesco	2004	17	4	2	0	0
Briciu Nicusor	1997	19	2	5	1	5
Shero Xhulian	1999	21	3	3	0	1
Bayad Alaaeddine	2004	3	0	0	1	0
Hati Abdellah	2003	2	1	0	0	0
Akorou Ayoub	2002	1	0	1	0	0
Fantozzi Ayrton	2004	1	1	0	0	0
Mastroianni Mirko	2001	11	5	3	1	0
Torturo Andrea	2002	16	1	9	2	0
Di Francescantonio Davide	1999	1	0	1	0	0
Nazzicone Andrea	2002	8	6	2	1	0
Angelucci Alessandro	2005	1	1	0	0	0
Marini Tiziano	2002	8	7	0	0	0
Diouf Pape Ibrahima	1998	13	2	3	3	0
Venditti Emanuele	2005	1	1	0	0	0
Cirelli Armando	1995	10	6	3	1	0
Bour Zakaria	2005	7	3	1	0	0
Di Giampietro Virgilio	2005	3	3	0	0	0

cognome e nome allenatori	panchine totalizzate	media punti
Fidanza Felice	8 (dalla 1ª alla 8ª giornata)	0,50
Rocchi Guglielmo	6 (dalla 9ª alla 14ª giornata)	0,16
Scatena Michele	13 (dalla 15ª alla 26ª giornata + play out)	1,61

**In alto, i tecnici Felice Fidanza, Guglielmo Rocchi e Michele Scatena
Sotto, i calciatori biancossi Di Virgilio, Diouf, Paolini e Briciu**

101

MONTORIO 88 – 28 atleti utilizzati

cognome e nome giocatori	anno	gare	sost. fatte	sost. avute	reti	turni squalif.
Rapagnani Domenico	2004	28	0	1	0	1
Di Silvestre Matteo	1994	10	1	3	1	0
Monaco Edoardo	2000	28	3	8	1	1
Ndoye Moustapha	2002	26	0	3	4	1
Gridelli Pierpaolo	1991	26	1	2	0	2
Urbani Davide	2005	15	8	6	0	0
Fall Vito	2003	21	7	8	0	0
Mosca Mario	1995	28	1	9	10	3
Di Sante Davide	1991	28	3	6	1	0
Ridolfi Walter	1989	28	0	9	14	2
Giancarli Roberto	2004	27	18	6	3	0
Di Felice Francesco	2002	8	5	2	0	0
Leonzi Valerio	2001	23	2	9	4	2
Salvi Stefano	1987	24	14	3	1	0
Marini Gabriele	2007	4	3	0	0	0
Pollino Filippo	1997	7	1	4	1	1

Maselli Tiziano	1999	27	11	5	0	0
Guerra Nicola	1997	5	2	1	1	0
Di Francesco Paolo	2005	6	5	1	0	0
Natale Alessandro	2000	2	2	0	0	0
D'Ignazio Roberto	2004	5	5	0	0	0
Fulvi Samuele	1998	19	6	10	3	1
Giovannone Gioele	2001	14	2	3	0	0
Chiacchiarelli Maurizio	1988	19	2	7	6	0
Angelozzi Francesco	1997	3	1	0	0	0
Massacci Matteo	2005	7	4	3	0	0
Pierannunzi Damiano	2005	2	2	0	0	0
Deliu Semir	2006	1	1	0	1	0

cognome e nome allenatori	panchine totalizzate	media punti
Cipolletti Sabatino	18 (dalla 1ª alla 18ª giornata)	1,94
De Amicis Edmondo	12 (dalla 1ª alla 26ª giornata + play off)	2,00

In alto da sinistra, i due mister: Sabatino Cipolletti e Edmondo De Amicis. Qui di fianco, quattro calciatori gialloneri: Mario Mosca (in alto a sinistra), Moustapha Ndoye (in alto a destra), Pierpaolo Gridelli (in basso a sinistra) e Vito Fall (in basso a destra)

PIZZOLI – 28 atleti utilizzati

cognome e nome giocatori	anno	gare	sost. fatte	sost. avute	reti	turni squalif.
Muscato Domenico	1991	26	0	0	0	0
Marini Edoardo	2002	20	5	9	0	1
Mazza Mirko	1988	10	1	1	0	2
Ponzi Luca	2003	23	2	3	0	2
Montorselli Mario	1996	11	7	3	0	4
Annunziata Simone	1989	18	3	3	1	3
Albani Cristian	1988	14	0	1	0	2
Tinari Giampiero	1998	25	1	3	6	2
Patrizi Alessio	2004	9	1	3	2	0
Passacantando Davide	2001	26	3	3	0	0
Piri Emiljan	1990	16	4	5	6	2 anni e 4 mesi
Montorselli Samuel	2004	21	7	9	0	1
Di Lillo Vito	2000	24	1	2	4	0
D'Agostino Tommaso	1992	22	2	6	5	1
Rugani Mauro Federico	1995	22	0	2	1	2
Rosica Riccardo	2002	3	3	0	0	
Grasso Kevin	2004	12	1	2	0	2
Ursache Minai Daniel	2001	1	1	0	0	0
Giorgi Francesco	2004	3	1	1	1	0
Arciprete Alessandro	1996	8	6	2	1	1
Serpetti Federico	1997	6	4	1	0	0
Anastasio Alessandro	2001	1	1	1	0	0
Salvati Marco	2004	7	5	0	0	0

Di Stefano Valerio	2004	9	5	4	0	0
Di Cesare Berardino	2003	5	1	4	0	0
Accardo Antonio	1999	1	1	0	0	0
Ranalli Lorenzo	1997	10	0	6	1	1
Di Lillo Gaetano Roberto	2005	7	7	0	0	0
Gioia Marco	2000	0	0	0	0	1

cognome e nome allenatori	panchine totalizzate	media punti
Napoli Savino	6 (dalla 1ª alla 6ª giornata)	1,66
Rainaldi Armando	21 (dalla 7ª alla 26ª giornata + play out)	1,09

In alto, da sinistra a destra: la tifoseria organizzata del Pizzoli e il calciatore Vito Di Lillo.
Qui sopra, altri due atleti del sodalizio rossonero: Cristian Albani (a sinistra) e Simone Annunziata (a destra)

PUCETTA – 30 atleti utilizzati

cognome e nome giocatori	anno	gare	sost. fatte	sost. avute	reti	turni squalif.
Brassetti Luca	2005	23	0	0	0	0
Capodacqua Alessandro	2003	4	2	0	0	0
Federici Filippo Maria	2005	9	6	2	0	0
Tuzi Massimiliano	1986	24	0	4	3	1
Castellani Biagio	1995	18	0	1	1	2
Tuzi Andrea	1989	23	0	6	1	1
Carosone Lorenzo	1992	12	0	6	4	0
Mattei Alberto	1999	21	10	10	1	0
Marianella Cristian	2003	20	3	9	4	1
Pascucci Francesco	2002	23	7	5	1	0
Theodoro De Almeida Ricardo	1989	24	0	6	14	2
Graziani Alessandro	2006	13	9	3	0	0
Ranalletta Domenico	2000	1	0	1	1	0
Paris Vinicio	1984	3	1	1	0	1
Boukrhais Aziz	1986	24	0	3	1	1
Tavani Marco	1991	22	1	2	1	1
Graziani Matteo	2003	11	4	6	1	0
Di Marco Antonio	2002	22	4	2	5	0
Rametta Riccardo	2005	2	2	0	1	0
Bernabale Fernando	2005	15	4	8	0	0
Da Conceiçao Pinto Vinicius	1988	23	9	4	3	0
Nazzicone Andrea	2002	4	3	1	0	0

Desideri Alessio	2005	7	5	2	0	0
Biancone Nicholas	2004	1	1	0	0	0
Costantini Tiziano	2005	2	2	0	0	0
Colella Attilio	1990	5	1	0	0	0
Dos Reis Viegas Francisco Alexandro	1996	12	8	3	1	0
Paolini Lorenzo	2003	2	2	0	0	0
Desideri Massimiliano	2005	1	1	0	0	0
Maceroni Francesco	2006	1	1	0	0	0

cognome e nome allenatori	panchine totalizzate	media punti
Giannini Corrado	26 (dalla 1ª alla 26ª giornata)	1,34

In alto da sinistra: mister Corrado Giannini, il ds Ugo Petitta, il presidente Roberto Cotturone e i calciatori Carosone, Massimiliano Tuzi, Tavani, Mattei, Boukrhais e Castellani

REAL C. GUARDIA VOMANO – 31 atleti utilizzati

cognome e nome giocatori	anno	gare	sost. fatte	sost. avute	reti	turni squalif.
D'Andrea Paolo	1998	25	0	0	0	0
Petrucci Jacopo	2003	24	1	1	0	2
Nardi Pierpaolo	2002	22	3	4	1	0
Scartozzi Daniele	1983	8	1	4	1	0
Di Giovanni Steven	1993	19	3	2	0	1
Forcellese Emanuele	1994	17	2	9	0	2
Selmanaj Renato	2002	26	10	9	1	0
Arrighetti Angelo	2000	18	14	2	1	0
Cacciola Paolo	2004	6	3	2	0	0
Gardini Nicolò	2001	25	7	12	12	1
Di Gianluca Simone	1995	23	2	3	0	1
Foglia Federico	1998	9	2	4	0	0
Giovannone Gioele	2001	9	5	0	0	1
Bizzarri Mario	1993	11	1	2	2	0
Noto Manuel Salvatore	2003	1	0	0	0	0
Spinosi Gianluca	1990	19	4	4	0	0
Di Giacinto Matteo Franco	1995	23	2	8	1	2
Dobronikv Simone	2004	4	3	1	0	0
Cascioli Manuel	1990	22	5	13	7	0
Carusi Lorenzo	2005	9	7	2	0	0
Bala Samuel	2005	20	2	13	2	0
Santone Matteo	2005	6	4	2	0	0
Reginelli Loris	1998	2	2	0	0	0
Di Bonaventura Piergiorgio	1990	12	1	3	0	0

cognome e nome					
Trento Nicola	1988	12	9	1	0	0
Mattiucci Gennaro	2004	6	5	1	0	0
Vicentini Nicolò	2002	2	2	0	0	0
Di Niso Alejandro	2003	8	4	2	1	0
Manizzi Christian	1998	1	0	0	0	0
Dezzi Lorenzo	2004	1	0	0	0	0
Mantini Andrea	1996	1	1	0	0	0

cognome e nome allenatori	panchine totalizzate	media punti
Evangelisti Mattia	26 (dalla 1ª alla 26ª giornata)	1,46

In alto da sinistra, l'allenatore Mattia
Evangelisti, il portiere Paolo D'Andrea
e il ds Davide Di Gianluca
con il difensore Gioele Giovannone.
Nella fascia centrale, da sinistra a destra,
altri tre calciatori della squadra vomanese:
Gianluca Spinos, Nicola Trento
e Daniele Scartozzi.
Qui accanto: il centrocampista Davide
Selmanaj e il ds Davide Di Gianluca

SAN BENEDETTO VENERE – 25 atleti utilizzati

cognome e nome giocatori	anno	gare	sost. fatte	sost. avute	reti	turni squalif.
Bassi Vincenzo	1993	28	0	0	0	0
Cipriani Pierluigi	2002	24	0	2	0	3
Di Vittorio Daniele	2005	25	0	7	0	0
Liberati Carlo	1997	27	0	13	0	1
Zarini Francesco	1988	26	0	4	3	1
Severini Antonio	1997	22	1	4	0	1
Di Pippo Italo Emanuele	1996	17	13	4	0	0
Ettorre Alessandro	1997	27	2	10	14	0
Gramegna Cristian	2004	17	7	6	1	0
Mancini Marco	1995	22	6	14	6	0
Di Pietro Nicolas	2004	18	8	5	0	0
Catalli Giuseppe	1993	26	0	3	24	2
Cordischi Giovanni	1996	28	17	8	5	0
Del Vecchio Matteo	1997	23	7	12	2	1
Di Panfilo Davide	1999	7	2	3	0	0
Callocchia Matteo	2002	8	5	2	0	0
Tarquini Ares	1992	2	2	0	0	0
Mastroianni Mirko	2001	2	2	0	0	0
Di Genova Luca	1981	11	10	1	0	2
Zazzara Giuseppe	1991	22	16	4	5	2
Migliori Andres Maria	2003	22	8	5	1	1
Odoardi Daniele	1996	1	1	0	0	0

cognome e nome					
D'Agostino Sandro	1988	9	7	1	1	0
Fidanza Nino	2000	11	2	9	0	0
De Michelis Alessio	2003	1	1	0	0	0

cognome e nome allenatori	panchine totalizzate	media punti
Di Genova Berardino	28 (dalla 1ª alla 26ª giornata + spareggio promozione + play off)	2,00

In alto da sinistra: la tifoseria organizzata, mister Berardino Di Genova e il presidente Beniamino Cerasani. A seguire, sempre da sinistra, i calciatori Francesco Zarini, Alessandro Ettorre, Sandro D'Agostino, Giovanni Cordischi, Carlo Liberati e Pierluigi Cipriani

SAN GREGORIO – 29 atleti utilizzati

cognome e nome giocatori	anno	gare	sost. fatte	sost. avute	reti	turni squalif.
Di Fabio Davide	1992	1	0	0	0	0
Di Francesco Alessandro	2003	21	2	8	1	0
Di Alessandro Marino	1997	16	3	5	1	1
Ricci Daniele	1993	25	0	2	2	1
Galassi Stefano	2003	11	4	5	0	1
Rampini Gianmarco	2002	20	8	4	0	0
Di Alessandro Domenico	1997	25	2	5	1	1
Magistro Andrea	2004	20	1	6	2	0
Flaiano Daniele	2005	7	5	2	0	0
Nanni Mattia	1992	25	0	7	3	2
Anaya Ruiz Ignacio	1996	13	1	5	12	0
Mazzaferro Davide	1998	25	6	9	5	1
Bravoco William	1992	22	10	3	0	0
Napoleon Samuel	1996	5	3	2	0	0
Marchetti Marco	1999	21	9	5	3	0
Di Casimiro Luca	1998	20	0	0	0	0
Romano Luca	1996	21	0	2	1	0

Nardecchia Federico	2004	3	2	1	0	0
Alija Muhamed	2004	6	1	4	0	0
Anaya Ruiz Javier	1991	4	3	1	0	0
Antonacci Riccardo	2003	14	6	4	0	0
Liberatori Luca	2003	4	3	1	0	0
Meo Alessandro	2003	5	0	0	0	0
Barretta Stefano Tonino	2003	4	4	0	0	0
Di Cesare Berardino	2003	2	2	0	0	0
Felline Gianvito	2001	10	8	2	0	0
Florindi Giuseppe	2004	10	2	5	0	2
Menegussi Tarlyson	1991	13	1	4	6	1
Maisto Pasquale	1993	10	2	6	3	0

cognome e nome allenatori	panchine totalizzate	media punti
Rotili Pierpaolo	27 (dalla 1ª alla 26ª giornata + play off)	1,59

In alto da sinistra: l'allenatore Pierpaolo Rotili e i calciatori
William Bravoco e Tarlyson Menegussi.
Qui sopra, da sinistra, altri quattro atleti nerazzurri: Gianmarco
Rampini, Davide Mazzaferro, Daniele Ricci e Mattia Nanni

SCAFAPASSOCORDONE – 26 atleti utilizzati

cognome e nome giocatori	anno	gare	sost. fatte	sost. avute	reti	turni squalif.
Rosano Lorenzo	1999	27	0	1	0	0
Allegro Cristian	1999	19	6	3	0	0
Amicone Paolo	2003	10	0	3	0	1
Giusti Marco	2003	25	0	4	0	1
Silvaggi Davide	1984	27	0	0	1	1
Troiano Davide	1989	19	0	4	0	1
Antonacci Simone	1992	10	1	8	5	0
Di Giampaolo Francesco	1997	10	8	1	0	0
Zaccagnini Lorenzo	1996	16	2	5	0	0
Fayinkeh Mahammed	1998	25	9	1	0	2
Cesarone Giovanni	2004	26	5	13	1	0
Castellucci Francesco	2004	23	8	10	0	0
Pizzola Francesco	1992	10	1	4	3	2
Cissé Mamadou	1997	21	3	7	6	5
D'Alimonte Jacopo	2003	1	0	1	0	0
Sciarretta Pierluigi	1985	11	6	2	0	1
Di Fabio Alessandro	2005	25	12	3	2	0
Pastore Giustino	1998	25	1	16	0	1
D'Ancona Davide	1991	4	1	1	0	0
Colangelo Mario	1993	15	7	2	0	1
Odoardi Dario	2005	9	9	0	0	0
Polidoro Lorenzo	2004	3	3	0	0	0
Fiore Stefano	2002	2	2	0	0	2
Traoré Adama	1989	16	11	2	1	0

Yuda Canela Henrique Yukio	1994	15	0	2	8	0
Graf Lautaro Ezequiel	2001	11	3	5	2	0

cognome e nome allenatori	panchine totalizzate	media punti
De Melis Roberto	28 (dalla 1ª alla 26ª giornata + play out)	1,00

PINO MAZZOCCA

ROBERTO DE MELIS

DAVIDE TROIANO

MARIO COLANGELO

MARCO GIUSTI

GIUSTINO PASTORE

ADAMA TRAORE

LORENZO ZACCAGNINI

Qui sopra, a destra,
la punta biancazzurra
Lautaro Graf

TAGLIACOZZO – 34 atleti utilizzati

cognome e nome giocatori	anno	gare	sost. fatte	sost. avute	reti	turni squalif.
De Sanctis Lorenzo	2004	1	0	1	0	0
Ridolfi Manuel	1997	2	1	0	0	0
Capodacqua Marco	1996	11	7	4	0	1
Salvi Alessandro	2004	3	2	1	0	0
Di Giuseppe Marco	2004	18	8	4	0	0
Corazza Mattia	1993	22	0	1	3	3
Sefgjini Flori	2002	14	2	6	0	3
Di Rocco Davide	1999	21	1	2	0	1
Rossi Daniele	1982	15	1	6	0	5
De Roccis Federico	1999	13	1	5	2	0
Tancredi Claudio	1986	2	2	0	0	0
Crescimbeni Davide	1993	13	3	3	0	2
Silvestri Carmine	1981	22	1	17	1	1
Di Matteo Fabrizio	2002	17	12	3	0	0
Amicucci Daniele	2000	4	3	0	0	0
Giordani Giordano	1997	8	7	1	0	0
Tabacco Marco	2004	25	0	2	0	0
Di Rocco Valerio	2003	23	0	1	1	1

Paolucci Leonardo	2000	19	12	4	0	0
Panichi Alessandro Alì	2001	6	5	1	0	0
Di Battista Domenico	1998	3	3	0	0	0
Ruggieri Mirko	2001	4	0	0	0	0
De Luca Nicolò	2003	21	2	11	2	1
Torturo Andrea	2002	9	0	1	4	0
Piacente Andrea	2002	4	4	0	0	0
Tershalla Vilson	1991	7	0	0	0	0
Panella Daniele	2002	3	3	0	0	0
Piras Anthony	2005	2	1	0	0	0
Oddi Oddi Matteo	2004	12	0	0	0	2
Tullio Riccardo	2003	14	1	3	1	0
Di Giovanni Emanuele	1995	10	8	2	0	0
Blasetti Filippo	2002	13	0	2	1	0
Rosati Mattia	2004	11	0	2	0	0
Frittella Emilio	2005	1	1	0	0	2

cognome e nome allenatori	panchine totalizzate	media punti
Mazzei Stefano	26 (dalla 1ª alla 26ª giornata)	0,34

In alto da sinistra, i calciatori Manuel Ridolfi, Federico De Roccis e Vilson Tershalla; qui sopra: Davide Crescimbeni e Daniele Padella

TORNIMPARTE 2002 – 26 atleti utilizzati

cognome e nome giocatori	anno	gare	sost. fatte	sost. avute	reti	turni squalif.
Loporcaro Salvatore	2000	7	0	0	0	0
Rovo Daniele	1997	27	12	4	1	0
Parisi Alessio	1996	24	0	1	0	1
Di Marzio Gianmarco	1996	29	1	2	5	1
Andreassi Stefano	2003	29	1	9	1	0
Di Battista Benedetto	1986	28	0	1	0	2
Sanderra Lorenzo	2002	25	4	17	1	2
Cicchetti Alessio	1994	26	5	1	1	2
Coletti Christian	1994	28	15	12	5	0
Paiola Lorenzo	2003	27	7	13	8	0
Miocchi Marco	1994	29	3	8	6	5
Civic Azem	2001	18	11	7	0	0
Paiola Matteo	2004	28	2	18	3	0
Ugwoke Godwin	2002	7	2	0	0	0
Spagnoli Jacopo	2005	16	13	3	1	0
Santarelli Christian	2005	11	9	2	0	0
Ludovisi Mirko	2000	23	0	0	0	0
Bafile Marco	1996	0	0	1	0	1
Pokou James Kawsi	2003	22	19	3	1	0
Carducci Leonardo	2002	7	3	1	0	0
Miocchi Alessandro	1994	16	7	7	2	0
Cappella Alessandro	2002	1	1	0	0	0
Ciotti Dennis	2004	2	2	0	0	0

Di Girolamo Valerio	2003	7	6	1	0	0
Carnicelli Francesco	2002	11	0	-1	0	0
Ribeiro Rocha Bruno	2003	1	1	0	0	0

cognome e nome allenatori	panchine totalizzate	media punti
Sanderra Luca	30 (dalla 1ª alla 26ª giornata + play out)	1,16

In alto da sinistra, i calciatori Benedetto Di Battista, Alessandro e Marco Miocchi. Qui sopra, sempre da sinistra: Christian Coletti, Alessio Cicchetti, Marco Bafile e Gianmarco Di Marzio

1ª GIORNATA PLAY OFF REGIONALI
domenica 14 maggio

Virtus Cupello-Montorio 88: 3-2

Virtus Cupello: Di Giacomo, Zaccardi, De Fabritiis, Donatelli, Giuliano, Felice (34's Abbonizio), Obodo, Tafili, Sene (34'st Seck), Stivaletta, Troiano (36'st Falco). **All.** Soria. **Montorio 88:** Rapagnani, Maselli (44'st Giovannone), Monaco, Di Sante, Gridelli, Ndoye, Fulvi (36'st Di Francesco), Fall (10'st Giancarli), Ridolfi, Chiacchiarelli, Leonzi. **All.** E. De Amicis. **Arbitro:** Simone Spadaccini di Chieti. **Assistenti:** Mirco Monaco di Chieti e Antonello Pietrangeli di Sulmona. **Reti:** *33'pt Stivaletta (V), 4'st De Fabritiis (V), 11'st Di Sante (M), 17'st Leonzi (M), 19'st Felice (V)*. **Note:** ammoniti Troiano (V), Maselli (M), Gridelli (M), Felice (V), Sene (V), Tafili (V), Ridolfi (M).

Qui sopra, una fase di gioco e, a destra, l'ingresso in campo delle due squadre, protagoniste di una sfida davvero combattuta e ricca di emozioni

1ª GIORNATA PLAY OUT REGIONALI
domenica 14 maggio

San Giovanni Teatino-Piano della Lente: 1-1

San Giovanni Teatino: Ferrara, Desiderio (40'st Semenzini), Tinari, Valerio Santos (21'st Barbacane), Capozucco, Sichetti, Grassi (25'st Minutolo), Bayo

(21'st Fedele), Kulović, Taguia, Chiacchiaretta (21'st Galanti). **All.** Terrenzi. **Piano della Lente:** Di Giuseppe, De Carolis, Escande, Rinaldi, Verruschi, Di Giancomenico, D Domenicantonio, Kane (33'st Diagne), Nicolini (25'st Stefanazzi), Moreira Barbosa, C. Bucciarelli. **All.** S. Bucciarelli. **Arbitro:** Mattia Buzzelli di Avezzano. **Assistenti:** Claudio Habazaj dell'Aquila e Guido Alonzi di Avezzano. **Reti:** *18'pt C. Bucciarelli (P), 30'pt Grassi (S).* **Note:** ammoniti Chiacchiaretta (S), Galanti (S), Moreira Barbosa (P), Rinaldi (P), Fedele (S).

GIUDICE SPORTIVO

Una gara: W. Ridolfi (Montorio 88), W. Moreira Barbosa (Piano della Lente)

2ª GIORNATA PLAY OFF REGIONALI
mercoledì 17 maggio

Montorio 88-Penne: 2-0

Montorio 88: Rapagnani, Maselli, Monaco, Di Sante (49'st D'Ignazio), Gridelli, Ndoye, Mosca, Leonzi, Fulvi (38'st Fall), Chiacchiarelli (48'st Giovannone), Giancarli (44'st Salvi). **All.** E. De Amicis. **Penne:** D'Intino, Natale Mbodj (5'st Marchionne), Di Pentima, Sablone, D'Addazio, Di Simone, Buffetti, Grande (35'st Cornazzani), Ndiaye, Cacciatore, D'Amico (5'st Di Domizio). **All.** Pavone. **Arbitro:** Federico Di Caro di Chieti. **Assistenti:** Benedetta Bologna di Vasto e Gianmarco Cocciolone dell'Aquila. **Reti:** *23'pt Mosca, 44'st Chiacchiarelli.* **Note:** espulsi al 42'st Mosca (M) per condotta violenta e E. De Amicis (M) per proteste; ammoniti Di Sante (M), Fulvi (M), Chiacchiarelli (M).

2ª GIORNATA PLAY OUT REGIONALI
mercoledì 17 maggio

Tornimparte 2002-San Giovanni Teatino: 2-2

Tornimparte 2002: Ludovisi, Carnicelli, Parisi, Di Marzio, Andreassi (33'st Pokou), Di Battista, Spagnoli (11'st A. Miocchi), Cicchetti, Coletti (48'st Rovo), M. Miocchi, M. Paiola (40'st Santarelli). **All.** Luca Sanderra. **San Giovanni Teatino:** Ferrara, Desiderio, Menichino, Fedele (18'st Barbacane),

Capozucco, Schiazza (39'st Sichetti), Grassi (28'st Minutolo), Bayo, Kulović, Taguia (44'st Tinari), Chiacchiaretta (16'st Galanti). **All.** Terrenzi. **Arbitro:** Francesco Battistini di Lanciano. **Assistenti:** Federico Cocco di Lanciano e Antonello Pietrangelo di Sulmona. **Reti:** *6'pt Bayo (S), 15'pt e 47'st su rigore Coletti (T), 17'st Schiazza (S).* **Note:** ammoniti Fedele (S), Capozucco (S), Desiderio (S), Grassi (S), Cicchetti (T).

GIUDICE SPORTIVO
Due gare: M. Mosca (Montorio 88); **una gara:** L. Desiderio e S. Fedele (San Giovanni Teatino)

3ª GIORNATA PLAY OFF REGIONALI
domenica 21 maggio

Penne-Virtus Cupello: 3-6
Penne: D'Intino, Grande (30'st Petrucci), Di Pentima, Sablone (13'st Cornazzani), D'Addazio (13'st Natale Mbodj), Di Simone, Buffetti, D'Amico (44'pt Antonacci), Ndiaye, Cacciatore, Di Domizio (19'st Di Martile). **All.** Pavone. **Virtus Cupello:** Di Giacomo, Zaccardi (33'pt Seck), De Fabritiis, Donatelli, Giuliano (26'st Berardi), Felice, Obodo, Tafili, Sene (36'st Giardino), Stivaletta (26'st Napolitano), Troiano (19'st Falco). **All.** Soria. **Arbitro:** Ferdinando Carluccio dell'Aquila. **Assistenti:** Claudio Habazaj dell'Aquila e Antonio Bruno di Lanciano. **Reti:** *15'pt, 17'pt e 46'pt Stivaletta (V), 26'pt e 44'pt Di Domizio (P), 33'pt e 20'st Sene (V), 40'pt Troiano (V), 41'st su rigore Di Martile (V).* **Note:** espulso al 41'pt Di Pentima (P) per somma di ammonizioni; ammoniti De Fabritiis (V), D'Addazio (P), Zaccardi (V), Troiano (V), Cornazzani (P).

Classifica finale: VIRTUS CUPELLO 3; Montorio 88 3; Penne 0

N.B. In maiuscolo la squadra promossa in Eccellenza

3ª GIORNATA PLAY OUT REGIONALI
domenica 21 maggio

Piano della Lente-Tornimparte 2002: 1-0
Piano della Lente: Di Giuseppe, De Carolis, Perez Ghirardi (16'st Diagne), Escande (22'st Marini), Verruschi, Di Giandomenico, Di Domenicantonio, Cettou, Nicolini, Rinaldi (22'st Kane), Stefanazzi (12'st C. Bucciarelli). **All.** S. Bucciarelli. **Tornimparte 2002:** Ludovisi, Carnicelli, Parisi, Di Marzio, Andreassi (35'st Pokou), Di Battista, Lorenzo Sanderra (39'st A. Miocchi), Cicchetti, Coletti, M. Miocchi, M. Paiola. **All.** Luca Sanderra. **Arbitro:** Luca

Di Monteodorisio di Vasto. **Assistenti:** Mirco Monaco di Chieti e Davide D'Adamo di Vasto. **Rete:** *23'st Di Domenicantonio.* **Note:** espulsi al 51'st Marini (P) e M. Miocchi (T) per condotta violenta; ammoniti Escande (P), Perez Ghirardi (P), Di Domenicantonio (P), M. Miocchi (T).

Classifica finale: PIANO DELLA LENTE 4; SAN GIOVANNI TEATINO 2; Tornimparte 2002 1

N.B. In maiuscolo le squadre che non retrocedono in Prima categoria

GIUDICE SPORTIVO

Quattro gare: M. Miocchi (Tornimparte 2002); **tre gare:** D. Marini (Piano della Lente); **una gara:** F. Di Pentima e F. D'Addazio (Penne), N. Troiano (Virtus Cupello)

CLASSIFICA MARCATORI GENERALE

26 reti: C. Stivaletta (Virtus Cupello, 4 rigori)
24 reti: G. Catalli (San Benedetto Venere, 5 rigori)
21 reti: A. Criscolo (Villa 2015, 3 rigori)
18 reti: M. Di Domizio (Penne, un rigore)
17 reti: F. Africani (Favale 1980), D. De Angelis (Turris Calcio Val Pescara, 3 rigori), I. Ndiaye (Ortona Calcio/Penne, un rigore), A. Molino (San Salvo, 3 rigori)
16 reti: A. Di Virgilio (Luco Calcio, 4 rigori), G. Petre (Morro d'Oro/Rosetana, 3 rigori)
14 reti: W. Ridolfi (Montorio 88, 2 rigori), R. Theodoro De Almeida (Pucetta, 3 rigori), A. Ettorre (San Benedetto Venere), N. Kovalonoks (Città di Teramo, 2 rigori), M. Di Sante (Fontanelle, 8 rigori), D. Sciarra (Francavilla, 3 rigori), S. Ljuca (Nicola Galante Casalbordino)
13 reti: S. D'Egidio (Città di Teramo, un rigore), C. Sarr (Morro d'Oro), G. Puglia (Mosciano, un rigore), D. Di Simplicio (New Club Villa Mattoni, 2 rigori)
12 reti: N. Gardini (Real C. Guardia Vomano, 4 rigori), I. Anaya Ruiz (San Gregorio, un rigore), L. Di Blasio (Favale 1980)
11 reti: C. Palumbo (Città di Teramo, 2 rigori), C. Bucciarelli (Piano della Lente), G. Ragnoli (Turris Calcio Val Pescara), F. De Vizia (Bacigalupo Vasto Marina, 2 rigori), T. Oses Mauro (Miglianico, un rigore), G. Paravati (Virtus Cupello, 2 rigori)
10 reti: M. Bruni (Celano, un rigore), M. Mosca (Montorio 88, 3 rigori), M. Chiacchiarelli (Mosciano/Montorio 88, un rigore), M. Chiacchiarelli (Mosciano/Montorio 88, un rigore), F. Di Domenicantonio (Piano della

Lente), A. Tarquini (Bacigalupo Vasto Marina)

9 reti: Giovanni Di Fazio (Lauretum), L. Bizzarri (New Club Villa Mattoni), A. Minichillo (Bacigalupo Vasto Marina), T. Destito (Miglianico, 2 rigori), N. Carpineta (Val di Sangro, 9 rigori)

8 reti: H. Yuda Canela (Scafapassocordone, un rigore), L. Paiola (Tornimparte 2002), M. Bizzarri (Real C. Guardia Vomano/Fontanelle, 2 rigori), M. Bizzarri (Real C. Guardia Vomano/Fontanelle, 2 rigori), A. Picci (2 rigori) e N. Belfiore (Rosetana), M. De Camillis (Casolana), A. Bernabeo (Francavilla, un rigore), R. Delle Donne (San Vito 83), A. Orsaneo Di Santo (Sporting Altino), L. Florio (Villa 2015, un rigore)

7 reti: M. Del Pinto (Amiternina), L. Curri (Fucense Trasacco, 2 rig.), M. Cascioli (Real C. Guardia Vomano), S. D'Anniballe (Lauretum, 2 rigori), P. Rosini (Pianella 2012, un rigore), Francavilla, un rigore), N. Hajdarević (Nicola Galante Casalbordino), S. Taguia (San Giovanni Teatino, 2 rigori), D. Sena (Virtus Cupello)

In alto, da sinistra: Ibrahima Ndiaye e Giuseppe Catalli; qui di lato: Alessio Criscolo e Daniele De Angelis, alcuni tra gli attaccanti in assoluto più prolifici del campionato di Promozione

SQUADRA IDEALE PROMOZIONE

1	Riccardo RAGNI (Favale 1980)
2	Matteo STELLA (Mutignano)
3	Lucas PEREYRO (Hatria)
4	Daniel CICHELLA (Turris Calcio Val Pescara)
5	Nicholas FISCHIONE (Amiternina)
6	Oronzo BONASIA (Nicola Galante Casalbordino)
7	Alessio CRISCOLO (Villa 2015)
8	Cristian STIVALETTA (Virtus Cupello)
9	Giuseppe CATALLI (San Benedetto Venere)
10	Cosmo PALUMBO (Città di Teramo)
11	Matteo DI DOMIZIO (Penne)
All.	Fabio IODICE (Celano)

RECORDS PROMOZIONE

maggior numero di punti	69	Città di Teramo
minor numero di punti	2	Bucchianico
migliore media punti	2,46	Città di Teramo
maggior numero di vittorie	21	Città di Teramo
minor numero di vittorie	0	Bucchianico
maggior numero di pareggi	14	Atessa
minor numero di pareggi	2	Bucchianico
maggior numero di sconfitte	24	Bucchianico
minor numero di sconfitte	1	Città di Teramo
miglior attacco	78	Città di Teramo
miglior difesa	16	Nicola Galante Casalbordino
peggior attacco	16	Bucchianico
peggior difesa	98	Bucchianico
migliore differenza reti	+56	Città di Teramo
peggiore differenza reti	-82	Bucchianico
miglior realizzatore	26 reti	Cristian Stivaletta (Virtus Cupello)

COPPA DISCIPLINA

posizione	squadre	punteggio
1	BACIGALUPO VASTO MARINA	10,50
2	FAVALE 1980	12,45
3	VILLA 2015	12,89
4	VIRTUS CUPELLO	15,05
5	FONTANELLE	17,75

6	REAL C. GUARDIA VOMANO	17,82
7	SPORTING ALTINO	20,04
8	ATESSA	20,36
9	TORNIMPARTE 2002	20,42
10	NEW CLUB VILLA MATTONI	20,50
11	CASOLI 1966	21,60
12	AMITERNINA	22,10
13	SAN SALVO	23,56
14	TURRIS CALCIO VAL PESCARA	23,75
15	SCAFAPASSOCORDONE	24,15
16	PUCETTA	25,02
17	MUTIGNANO	25,20
18	SAN GIOVANNI TEATINO	27,13
19	PIANO DELLA LENTE	28,20
20	SAN GREGORIO	28,22
21	MIGLIANICO	28,65
22	SAN VITO 83	28,81
23	FRANCAVILLA	29,84
24	MONTORIO 88	31,63
25	PENNE	32,25
26	ELICESE	32,35
27	PIANELLA 2012	33,45
28	HATRIA	34,12
29	FUCENSE TRASACCO	38,72
30	MORRO D'ORO	43,75
31	TAGLIACOZZO	47,61
32	MOSCIANO	47,65
33	ROSETANA	51,85
34	VAL DI SANGRO	52,43
35	LAURETUM	55,40
36	CASOLANA	58,87
37	BUCCHIANICO	81,90
38	SAN BENEDETTO VENERE	91,10
39	LUCO CALCIO	108,27
40	PIZZOLI	182,27
41	CELANO	240,17
42	NICOLA GALANTE CASALBORDINO	337,35
43	CITTÀ DI TERAMO	343,85

COPPA ITALIA
PRIMO TURNO A ELIMINAZIONE DIRETTA

GARE DI ANDATA – domenica 4 settembre 2022

Bacigalupo Vasto Marina-San Salvo	3-2
Real C. Guardia Vomano-Piano della Lente	0-0
Amiternina-Pizzoli	1-2
Bucchianico-Scafapassocordone	2-4
Nicola Galante Casalbordino-Miglianico	1-1
Casolana-Sporting Altino	3-0
Casoli 1966-Fontanelle	1-3
Celano-Fucense Trasacco	1-3
Favale 1980-Montorio 88	1-2
Morro d'Oro-Hatria	1-1
Mosciano-New Club Villa Mattoni	2-3
Mutignano-Rosetana	4-1
Penne-Turris Calcio Val Pescara	3-4
Pianella 2012-Lauretum	0-1
Pucetta-Luco Calcio	0-0
San Giovanni Teatino-Francavilla	1-4
Tagliacozzo-San Benedetto Venere	2-4
Tornimparte 2002-San Gregorio	0-6
Val di Sangro-San Vito 83	4-0
Villa 2015-Elicese	1-1
Virtus Cupello-Atessa	2-2

Bacigalupo Vasto Marina-San Salvo: 3-2

Bacigalupo Vasto Marina: Vacirca, Romano (18'st Vespasiano), Marinelli, Petrone, Iarocci (30'st Priori), Progna, Shipple, Gagliano, F. Santone (30'st D. Santone), De Vizia, Larivera. **All.** Avantaggiato. **San Salvo:** Vasiu, Pollutri, Ruotolo (35'st Torres), Di Pietro, Triglione, Luongo, D'Alessandro (18'st Izzi), Galiè, Skubin (39'st Daniele), Farina (18'st Ruzzi), De Lucia (45'st Nucci). **All.** Zeytulaev. **Arbitro:** Giovanni Bognani di Lanciano. **Assistenti:** Roberto Di Risio e Francesco Giuseppe Saltarella di Lanciano. **Reti:** *5'pt Skubin (S), 2'st De Vizia (B), 7'st Luongo (S), 10'st Ruotolo (B), 34'st Shipple (B).* **Note:** espulso al 43'st Ruzzi (S), per condotta violenta; ammoniti Triglione (S), Ruotolo (S), F. Santone (B), Izzi (S), D. Santone (B).

128

Real C. Guardia Vomano-Piano della Lente: 0-0

Real C. Guardia Vomano: D'Andrea, Petrucci, Nardi, Scartozzi (44'pt Cascioli), Forcellese (18'st Di Giovanni), Di Gianluca, Cacciola (44'st Drobonikv), Selmanaj, M. Bizzarri (44'st Reginelli), Foglia, Arrighetti (18'st Gardini). **All.** Evangelisti. **Piano della Lente:** Di Giuseppe, Diagne (39'st Marini), Pompili (27'st Ciarmoli), Iampieri, Verruschi, De Carolis, Di Marzio (18'st Di Giandomenico), Cettou, Cornazzani, Rinaldi (36'st Kane), C. Bucciarelli (23'st Di Domenicantonio). **All.** S. Bucciarelli. **Arbitro:** Augusto Di Girolamo di Teramo. **Assistenti:** Gianmarco Di Filippo e Filippo Cerasi di Teramo. **Note:** ammoniti Forcellese (R), Di Domenicantonio (P).

Amiternina-Pizzoli: 1-2

Amiternina: D'Angelo, Paolucci, Lepidi (28'st Galeota), Linares Robles, Fischione (30'st Angelone), Gentile, Rossi (1'st Vasi), Sebastiani (21'st Del Pinto), Ludovici, Alfonsi, Carrozzi (12'st Bizzini). **All.** Di Felice. **Pizzoli:** Muscato, Rugani, Ponzi, Albani, Mazza, Annunziata (17'st M. Montorselli), Tinari (21'st Serpetti), V. Di Lillo, Piri (5'st D'Agostino), Salvati (35'st Grasso), Patrizi (17'st G. Di Lillo). **All.** Napoli. **Arbitro:** Domenico Pace dell'Aquila. **Assistenti:** Alessio Aloisi e Francesco Coccia Colaiuda dell'Aquila. **Reti:** *31'pt Tinari (P), 29'st D'Agostino (P), 48'st Galeota (A).* **Note:** ammoniti Mazza (P), Sebastiani (A), Lepidi (A), Alfonsi (A), V. Di Lillo (P), Rugani (P).

Bucchianico-Scafapassocordone: 2-4

Bucchianico: Gagliardi, De Sanctis, Di Giandomenico (23'st Florani), Bispo Dos Santos (27'st Cavallo), Malandra, Diop, D'Angelo (1'st D'Isidoro), Di Biase, Giampietro (11'st Febbo), Di Rosa, Di Nardo (1'st Di Nisio). **All.** Lombardi. **Scafapassocordone:** Rosano, Allegro, Zaccagnini, Giusti, Silvaggi, Troiano, Antonacci, Castellucci, Cesarone, Pizzola, Cissé. **All.** De Melis. **Arbitro:** Antonio Diella di Vasto. **Assistenti:** Dario Bernoni e Pierluigi De Luca di Pescara. **Reti:** *28'pt Di Rosa (B), 33'pt Cesarone (S), 39'pt e 38'st Cissé (S), 22'st su rigore Di Biase (B), 40'st Zaccagnini (S).* **Note:** ammoniti Bispo Dos Santos (B), Diop (B), Allegro (S).

Nicola Galante Casalbordino-Miglianico: 1-1

Nicola Galante Casalbordino: D'Amico, Racciatti, Suppressa, Ramos Sanchez (8'st Mangiacasale), Cardinale, Bonasia, Carotenuto (21'st Cocchino), Della Penna, Capone, Margagliotti, Conti (34'st Bonacci). **All.** Borrelli. **Miglianico:** Scuccimarra, Goy, Cozzi, Di Cintio, Sehitaj, D'Anteo, Berardinucci (40'pt Scenna), Di Bartolomeo, Rossi, Louennous, Guerra (27'st Grannonio). **All.** Mucciante. **Arbitro:** Christian D'Alessandro di Vasto.

Assistenti: Emanuele Verardi e Federico Torricella di Vasto. **Reti:** *31'pt D'Anteo (M), 49'st Margagliotti (C)*. **Note:** ammoniti Goy (M), Sehitaj (M), Louennous (M), Scenna (M).

Casolana-Sporting Altino: 3-0

Casolana: Di Cencio, Alessandro Caniglia (15'st Candeloro), Scaglione (8'st Colabattista), G. Giangiulio (24'st Bah), Antonio Caniglia, Pasquarelli, De Cinque, La Morgia, Barry (1'st De Lellis), Capuzzi, Piccoli (8'st Di Prinzio). **All.** Bisci. **Sporting Altino:** Mainardi, Di Biase, Marrone, Troilo (36'pt D'Alessandro, 38'st Lusi), A. Di Florio, Nazari, Tidiane (1'st Silverii), Picciotti (15'st Scutti), Di Falco, Pasquini, D'Orsaneo Di Santo. **All.** Piccirilli. **Arbitro:** Gabriel Ragona di Vasto. **Assistenti:** Alberto Colonna di Vasto e Francesco D'Aloisio di Chieti. **Reti:** *11'pt La Morgia, 45'pt Capuzzi, 25'st Silverii*. **Note:** espulso al 36'st Nazari (S) per proteste; nessun ammonito.

Casoli 1966-Fontanelle: 1-3

Casoli 1966: Di Donato, Catucci (13'st Di Simone), Di Pentima (21'st D. Lolli), Marcanio, Dedja, Titianu (28'st Cristallini), Gentile, Iezzone (1'st Ciccone), De Lazzari, Evangelista, Di Giuseppe. **All.** Proietto. **Fontanelle:** Camaioni, De Luca (42'st Ciarrocchi), Sulaj (28'st Arveda), Faragalli, Capretta, Marcozzi, Di Sante, Maranella (28'st Olivieri), E. Bontà (22'st Spahiu), Francia, De Rosa (31'st Perini). **All.** Capitanio. **Arbitro:** Manuel Franchi di Teramo. **Assistenti:** Igor Ciprietti e Stefano Tassoni di Teramo. **Reti:** *33'pt su rigore Evangelista (C), 38'pt Maranella (F), 42'pt Faragalli (F), 39'st Di Sante (F)*. **Note:** nessun espulso; nessun ammonito.

Celano-Fucense Trasacco: 1-3

Celano: Mastronardi, Di Renzo, Mione, Volpe (1'st Mercogliano), Villa, Tabacco, Di Gaetano (20'st Fidanza), Paneccasio, Libonatti, Kras (41'st D'Agostini), M. D'Amore (6'st Di Giovambattista). **All.** Celli. **Fucense Trasacco:** Leone, Di Prisco (30'st Cesile), Fellini, D'Alessio (8'st Grande), Scancella (13'pt Abagnale), Idrofano, Commesso, Santucci (8'st Capaldi),

Curri (30'st Esposito), Angelini, Cancelli. **All.** Gallese. **Arbitro:** Gianluca Fantozzi di Avezzano. **Assistenti:** Mario Cipriani e Jacopo Salera di Avezzano. **Reti:** *12'pt e 21'st Curri (F), 20'pt Libonatti (C), 27'pt Cancelli (F).* **Note:** ammoniti Cancelli (F), M. D'Amore (C), Commesso (F), Fidanza (C).

Favale 1980-Montorio 88: 1-2

Favale 1980: Amatucci (1'st Ragni), Lanzano, Di Marco (8'st Kala), Centi, Toscani (20'st Di Blasio), Marini, Strappelli (34'st Traini), Ricci (1'st Qatja), Africani, Cinaglia, Sciamanna. **All.** G. De Amicis. **Montorio 88:** Natale, Di Felice, Monaco, Urbani (37'st D'Andrea), Gridelli, D'Ignazio, Mosca, Di Sante, Ridolfi, Guerra (12'st Di Silvestre), Leonzi (18'st Maselli). **All.** Cipolletti. **Arbitro:** Niko Pellegrini di Teramo. **Assistenti:** Francesco Di Marte e Alessandro Fazzini di Teramo. **Reti:** *8'pt Guerra (M), 38'pt Africani (F), 15'st Leonzi (M).* **Note:** ammoniti Centi (F), Gridelli (M), Maselli (M).

Morro d'Oro-Hatria: 1-1

Morro d'Oro: Berardinelli, Cichetti, Castagna, Forcellese (1'st Tondo), Rastelli (1'st Bosica), Di Michele, Sciannella (1'st Tine Mori), N. Campanile (14'st Jotta), Petre, Ferro (1'st Sarr), Ettorre. **All.** L. Campanile. **Hatria:** Fiore, Pavone, Manco, Ceccani, Tancini De Almeida, Marotta, Quadrini (39'st Carpegna), Pereyro, Novello, Della Sciucca, Zippilli (21'st Silva Margheri). **All.** Reitano. **Arbitro:** Matteo Sacrpiante di Teramo. **Assistenti:** Stefano Coccagna e Diletta Barbara Di Fabio di Teramo. **Reti:** *1'st Novello (H), 12'st Petre (M).* **Note:** ammoniti Di Michele (M), Cichetti (M), N. Campanile (M).

Mosciano-New Club Villa Mattoni: 2-3

Mosciano: Bruno, Della Sala, Luly, Tini, Casimirri, Erasmi, Palandrani, Kruger, Mariani (17'st Bartolacci), Chiacchiarelli, Pizzangrilli (38'st Massacci). **All.** Cianfagna. **New Club Villa Mattoni:** Pezzuoli, S. Bizzarri, Di Ascenzo, Ciarrocchi (26'st Tempestilli), Di Girolamo, Zenobi, Giampieri (11'st Teodori), Tamburrini, Di Simplicio (44'st Giovannini), Di Stefano (33'st Pompetti), L. Bizzarri (25'st L. Settembri). **All.** C. Settembri. **Arbitro:** Nicola Saraceni di Vasto. **Assistenti:** Felice Mazzocchetti e Marina Simonetta Groth di Teramo. **Reti:** *29'pt L. Bizzarri (N), 33'pt Zenobi (N), 7'st Tini (M), 21'st Di Stefano (N), 27'st Luly (M).* **Note:** ammoniti Di Stefano (N), Bartolacci (M), S. Bizzarri (N).

Mutignano-Rosetana: 4-1

Mutignano: Spianelli, Stella, De Fanis (18'st Valentini), Gentile, Proterra, Natale Mbodj, Colleluori, Rastelli (18'st Di Vittorio), Nunziato (38'st Semenzini) Di Tecco, Rachini. **All.** Cavicchia. **Rosetana:** Quaranta (38'st

Fasolino), Di Giacinto (30'st Ursini), Coletta, Logrieco, Gambuzza, Di Pietrantonio, Tedone, Zimei (38'st Di Remigio), Picci, Omonuwa, Stancarone (20'st Belfiore). **All.** Barnabei. **Arbitro:** Lorenzo Giuliani di Pescara. **Assistenti:** Michelangelo Longo e Alessandro Fusella di Chieti. **Reti:** *30'pt Logrieco (R), 22'st Valentini (M), 30'st e 47'st Rachini (M), 50'st Semenzini (M).* **Note:** ammoniti De Fanis (M), Zimei (R), Picci (R), Colleluori (M), Rachini (M), Gambuzza (R), Spinelli (M), Logrieco (R).

Penne-Turris Calcio Val Pescara: 3-4

Penne: D'Intino, Bellante, Di Simone, Sablone, D'Addazio, Sichetti, Grande (1'st Di Martino), Rossi, Spadafora (33'st Serti), Cacciatore (29'st Barlaam), Di Domizio (12'st Surugiu). **All.** Pavone. **Turris Calcio Val Pescara:** Mastropietro, Capitanio, Del Greco, Cichella, Kelly Ortellado, Casati, Lazzari, Rossodivita, De Angelis, Perrotta (18'st Maiorani), Ragnoli (29'st Toledo Giralde). **All.** Del Zotti. **Arbitro:** Cosmin Filippo Dumea di Sulmona. **Assistenti:** Nicola De Ortentiis e Amedeo Di Nardo Di Maio di Pescara. **Reti:** *16'pt autorete (T), 20'pt Di Domizio (P), 22'pt e 9'st De Angelis (T), 34'pt Spadafora (P), 44'pt su rigore Rossodivita (T), 2'st Del Greco (P).* **Note:** ammoniti Grande (P), Capitanio (T), Del Greco (T).

Pianella 2012-Lauretum: 0-1

Pianella 2012: D'Ettorre, Orsini (18'st Gimmi), Pretara, Di Girolamo (17'st Masiello), Karaci, Marcedula, Morelli (33'st Dottore), Di Moia, Nicolini, Sall, Laterza (33'st E. Hoxha). **All.** Contini. **Lauretum:** Acerbo, Ferrini, Di Clemente, Rasetta, Vianale, Casalena, Evangelista, Argento, D'Anniballe (22'st Giovanni Di Fazio), Antonini, K. Di Quilio (33'st Massimi). **All.** Di Biccari. **Arbitro:** Nicola De Iuliis di Lanciano. **Assistenti:** Yuri Buonpensa di Pescara e Elisabetta Antonucci di Pescara. **Rete:** *40'st Giovanni Di Fazio.* **Note:** ammoniti Evangelista (L), Orsini (P), Ferrini (L), Gimmi (P), Giovanni Di Fazio (P), Casalena (P).

Pucetta-Luco Calcio: 0-0

Pucetta: Brassetti, Capodacqua, Boukhrais, M. Tuzi, Castellani, Di Marco (6'st A. Tuzi), Pascucci, Marianella (12'st Mattei), Nazzicone (20'st Bernabale), Theodoro De Almeida, Ranalletta. **All.** Giannini. **Luco Calcio:** Dell'Unto, Micocci (37'st Pergolini), Mencarini, Ciocci, Shero, Paolini, Secondo, Cinquegrana, Fedele (7'st Angelucci), Briciu, Di Virgilio. **All.** Fidanza. **Arbitro:** Cristian Di Renzo di Avezzano. **Assistenti:** Matteo Corradi e Emanuele Torrelli di Avezzano. **Note:** espulsi al 39'pt Paolini (L) e al 55'st Capodacqua (L) per somma di ammonizioni; ammoniti Boukhrais (P), M. Tuzi (P), Cinquegrana (L), Secondo (L), Desideri (P).

La formazione del Pucetta al gran completo

San Giovanni Teatino-Francavilla: 1-4

San Giovanni Teatino: Ferrara, Tinari, Piccioni (11'st Lisio), Pacifico (6'st Schiazza), Fedele, Desiderio, Caporale (26'st Marino), Menichino (23'st Barbacane), Ferrari, Di Prospero, Galanti (12'st Venturini). **All.** Appignani.
Francavilla: Spacca (27'st Sablone), Bertozzi (40'st Barbetta), Pizzica, Schiedi (24'st De Luca), Moro, Tacconelli, Barbone, Galasso, Bernabeo (34'st Quintiliani), Giancristofaro, Di Peco (1'st Sciarra). **All.** D'Ambrosio.
Arbitro: Patrizio Novelli di Vasto. **Assistenti:** Giorgia Orecchioni di Lanciano e Giulio Basile di Chieti. **Reti:** *43'pt su rigore e 13'st Schiedi (F), 1'st L. Menichino (S), 3'st M. Galasso (F), 14'st A. Bernabeo (F).* **Note:** ammoniti Pacifico (S), Di Peco (F), Schiedi (F).

Tagliacozzo-San Benedetto Venere: 2-4

Tagliacozzo: Ridolfi, Capodacqua (20'st Panichi), Di Giuseppe (5'st V. Di Rocco), Corazza, Sefgjini, Tabacco, Giordani (15'st De Luca), Di Matteo (5'st Paolucci), Panella (5'st Crescimbeni), Silvestri, Torturo. **All.** Mazzei.
San Benedetto Venere: Roselli, Cipriani (30'st Calocchia), Di Vittorio, Liberati, Zarini, Severini, Ettorre (19'st Di Panfilo), Di Pippo (10'st Tarquini), Cordischi (19'st Mancini), Catalli, Del Vecchio (23'st Mastroianni). **All.** B. Di Genova. **Arbitro:** Vincenzo De Santis di Avezzano. **Assistenti:** Angelo Leone e Alessio Di Santo di Sulmona. **Reti:** *17'pt Panella (T), 33'pt su rigore e 6'st G. Catalli (S), 43'pt M. Del Vecchio (S), 12'st Tarquini (S), 23'st De Luca (T).* **Note:** ammoniti Di Pippo (S), Silvestri (T), Capodacqua (T), Di Vittorio (S), Paolucci (T), Calocchia (S).

Tornimparte 2002-San Gregorio: 0-6

Tornimparte 2002: Ludovisi, Rovo (26'st Ronconi), Parisi, Di Marzio (21'st M. Miocchi), Andreassi (1'st Spagnoli), Chiarelli, Lorenzo Sanderra, Cicchetti, Coletti (1'st L. Paiola), Civic (43'st Trupja), M. Paiola. **All.** Luca Sanderra. **San Gregorio:** Di Casimiro, Di Francesco, M. Di Alessandro (24'st Marchetti), D. Di Alessandro (17'st Bravoco), Ricci, Romano, Flaiano (9'st Magistro), Nanni, I. Anaya Ruiz, Mazzaferro (24'st Napoleon), Galassi (21'st Rampini). **All.** Rotili. **Arbitro:** Ferdinando Carluccio dell'Aquila. **Assistenti:** Gianmarco Di Filippo di Teramo e Matteo Leli dell'Aquila. **Reti:** *8'pt, 19'pt, 15'st e 29'st I. I. Anaya Ruiz, 25'pt Mazzaferro, 27'st Rampini.* **Note:** espulso al 29'pt Luca Sanderra (T) per proteste; ammoniti Ricci (S), Di Marzio (T).

Val di Sangro-San Vito 83: 4-0

Val di Sangro: Monaca, Di Biase, Lusi, Tucci (18'st N. Abbonizio), M. Rossetti (26'st Antonini), Valerio (18'st Pili), Lafsahi (25'st Pileggi), Carpineta, P. D'Orazio, Malvone (20'st A. D'Orazio), Ranieri. **All.** Bellè. **San

Vito 83: Ezzaki, Innocenti (18'st D'Alessandro), S. Scarinci (41'st Di Biccari), Palermo, Mainella, Scutti, S. Catenaro, Manfredi (18'st Spoltore), Verì (30'st Ciccocioppo), Giovannelli (21'st Giuliani), Cardone. **All.** Nicola Nardone / Roberto Nardone. **Arbitro:** Michele Ciannarella di Pescara. **Assistenti:** Cristian Di Tondo di Lanciano e Grazia Pia De Martino di Vasto. **Reti:** *22'pt P. D'Orazio, 11'st su rigore e 39'st Carpineta, 14'st Ranieri.* **Note:** ammoniti S. Scarinci (S), Innocenti (S), Giovannelli (S), Scutti (S), Giuliani (S).

Villa 2015-Elicese: 1-1

Villa 2015: Giangiacomo, De Luca (47'st D'Intino), Berardinelli, Mennillo, Falasca (31'st Nastasi), Cialini, Criscolo, Zaffiri, Barbacane (43'st Palazzo), Nardone, De Felice (17'st Maurizio). **All.** Lalli. **Elicese:** Cipriani, Vitale (1'st Agreste), Di Lorenzo, Frosina (44'st Basciano), Luciani (1'st Rucci), Bassano, Busiello, Dell'Elce (25'st Prospero), D'Agostino, Ruggieri, Orlandi (25'st Puce). **All.** Maiorani. **Arbitro:** Pierpaolo Costantini di Pescara. **Assistenti:** Stefano Margarito e Bryan Perfetto di Pescara. **Reti:** *41'st Criscolo (V), 48'st D'Agostino (E).* **Note:** ammoniti De Luca (V), Di Lorenzo (E), Falasca (V).

Virtus Cupello-Atessa: 2-2

Virtus Cupello: Cattenari, Zaccardi (15'st Berardi), Di Fabio, Donatelli, Giuliano, De Fabritiis, D'Antonio (29'st Battista), Tafili, Luciano (17'st Troiano), Stivaletta, Seck. **All.** Soria. **Atessa:** Di Cencio, Milanese (6'st Bucceroni), Lanzara, D'Ortona, Ianieri (6'st Flocco), Giandonato, Trisi (36st Pili), Vasiu (36'st Pizzi), Ciancaglini, Del Bello (17'st Persichitti), Quintiliani. **All.** Colussi. **Arbitro:** Federico Di Caro di Chieti. **Assistenti:** Andrea Marrollo e Gino Pio Luciani di Vasto. **Reti:** *11'pt su rigore e 34'pt su rigore Stivaletta (V), 29'pt Vasiu (A), 11'st Del Bello (A).* **Note:** ammoniti Di Cencio (A), Zaccardi (V).

GARE DI RITORNO – domenica 11 settembre 2022	
Piano della Lente-REAL C. GUARDIA VOMANO	**0-5**
San Salvo-BACIGALUPO VASTO MARINA	**1-2**
Atessa-VIRTUS CUPELLO	**0-1**
Elicese-VILLA 2015	**1-3**
FONTANELLE-Casoli 1966	**3-0**
Francavilla-SAN GIOVANNI TEATINO	**0-2**
FUCENSE TRASACCO-Celano	**0-1**
HATRIA-Morro d'Oro	**0-0**
Lauretum-PIANELLA 2012	**2-3**
Luco Calcio-PUCETTA	**1-1**
Miglianico-NICOLA GALANTE CASALBORDINO	**3-4** ai rigori
MONTORIO 88-Favale 1980	**3-3**
NEW CLUB VILLA MATTONI-Mosciano	**2-2**
PIZZOLI-Amiternina	**2-1**
Rosetana-MUTIGNANO	**3-3**
SAN GREGORIO-Tornimparte 2002	**0-0**
San Vito 83-VAL DI SANGRO	**1-2**
SAN BENEDETTO VENERE-Tagliacozzo	**4-1**
SCAFAPASSOCORDONE-Bucchianico	**5-1**
Sporting Altino-CASOLANA	**0-0**
TURRIS CALCIO VAL PESCARA-Penne	**2-2**

N.B. In maiuscolo le squadre qualificate

Piano della Lente-Real C. Guardia Vomano: 0-5

Piano della Lente: Di Domenico, Marini (24'st Ciarmoli), Pompili (17'st Di Domenicantonio), Diagne, De Carolis, Iampieri, Di Marzio (12'st Cornazzani), Cettou (35'st Serafini), C. Bucciarelli, Rinaldi, Di Giandomenico (24'st Kane). **All.** S. Bucciarelli. **Real C. Guardia Vomano:** D'Andrea, Petrucci (13'st Noto), Nardi, Foglia, Di Giovanni, Forcellese (17'st Spinosi), Selmanaj, Cacciola, Gardini (20'st Droboinkv), Cascioli (9'st Arrighetti), Bizzarri (34'st Carusi). **All.** Evangelista. **Arbitro:** Matteo Sacripante di Teramo. **Assistenti:** Francesco Di Marte di Teramo e Nicola De Ortentiis di Pescara. **Reti:** *10'pt e 20'pt Bizzarri, 11'st su rigore e 16'st Gardini, 38'st Carusi.* **Note:** espulso al 18'st Di Domenicantonio (P) per condotta violenta; ammoniti Foglia (R), De Carolis (P).

La squadra di casa del Piano della Lente prima del fischio d'inizio

San Salvo-Bacigalupo Vasto Marina: 1-2

San Salvo: Vasiu, Ruotolo, Izzi, Pollutri (39'st Torres), Triglione, Luongo (45'st Cacchiani), D'Alessandro (15'st Colitto), Galiè, Skubin (15'st Nucci), Farina, De Lucia (44'st Corrado). **All.** Zeytulaev. **Bacigalupo Vasto Marina:** Bomba, Vespasiano, Marinelli, Petrone, Iarocci (8'st Priori), Progna, Shipple, Gagliano, F. Santone (25'st Petrella), De Vizia, Larivera (44'st Di Giacomo). **All.** Avantaggiato. **Arbitro:** Francesco Battistini di Lanciano. **Assistenti:** Pierpaolo Salvati di Sulmona e Michelangelo Longo di Chieti. **Reti:** *14'st Shipple (B), 18'st su rigore Triglione (S), 41'st Larivera (B).* **Note:** ammoniti Triglione (S), Skubin (S), Priori (B), Ruotolo (S), Luongo (S), Pollutri (S).

Atessa-Virtus Cupello: 0-1

Atessa: Di Cencio, D'Ortona (15'st Canuto), Lanzara, Giandonato, Flocco, Giancristofaro (21'pt Appezzato), Trisi (29'st Pili), Vasiu, Erragh, Ciancaglini (15'st Bucceroni), Quintiliani. **All.** Colussi. **Virtus Cupello:** Cattenari,

Zaccardi, Berardi, Donatelli, Giuliano, Felice, Giardino (23'st Di Fabio), Tafili, Napolitano (14'st D'Antonio, 32'st Villano), Stivaletta, Troiano. **All.** Soria. **Arbitro:** Christian D'Alessandro di Vasto. **Assistenti:** Pierpaolo Salvati di Sulmona e Giovanni Di Cino di Lanciano. **Rete:** *28'st Felice.* **Note:** ammoniti Erragh (A), Tafili (V), Felice (V), Bucceroni (A), Troiano (V), Berardi (V).

Elicese-Villa 2015: 1-3

Elicese: Capuccini, Basciano (14'st Orlandi), Di Lorenzo (9'st Agreste), Di Nicola, Luciani (23'st Puce), Bassano, Dell'Elce (23'st Prospero), Rucci, Busiello (40'st Lepore), D'Agostino, Vitale. **All.** Maiorani. **Villa 2015:** Giangiacomo, Nastasi, Berardinelli (26'st Pignatelli), Mennillo, Fusella, Palazzo, Criscolo, Zaffiri (15'st Iafisco), Barbacane (15'st Colaiacovo), Nardone (35'st Florio), D'Antonio (39'st De Felice). **All.** Lalli. **Arbitro:** Alessandro Di Stefano di Teramo. **Assistenti:** Michelangelo Longo di Chieti e Francesco Di Nardo Di Maio di Pescara. **Reti:** *7'pt Barbacane (V), 21'st e 9'st Nardone (V), 45'st Agreste (E).* **Note:** nessun espulso; nessun ammonito.

Fontanelle-Casoli 1966: 3-0

Fontanelle: Cerasi, De Luca, Arveda, Faragalli, Capretta, Marcozzi (17'st Sulaj), Spahiu (17'st Maranella), De Remigis (37'st Olivieri), E. Bontà (17'st Di Sante), Francia (22'st Perini), De Rosa. **All.** Capitanio. **Casoli 1966:** Spinelli, Catucci (10'st Di Simone), Di Pentima, Marcanio, Marini (21'st Iannone), Titianu, Di Giuseppe (17'st Sangiacomo), Gentile, De Lazzari, Evangelista (34'pt Sagna), Cristallini (10'st D. Lolli). **All.** Proietto. **Arbitro:** Nicola De Iuliis di Lanciano. **Assistenti:** Stefano Coccagna di Teramo e Umberto Nappi di Pescara. **Reti:** *27'pt De Rosa, 9'st E. Bontà, 42'st Maranella.* **Note:** ammoniti Titianu (C), Marini (C), Catucci (C).

Francavilla-San Giovanni Teatino: 0-2

Francavilla: Sablone, Bertozzi (16'st Barbone), Pizzica, Schiedi, Moro, Tacconelli, De Luca (37'st Chiulli), Galasso, Bernabeo, Giancristofaro (31'st Di Peco), Sciarra (16'st Benini). **All.** D'Ambrosio. **San Giovanni Teatino:** Ferrara, Tinari, Desiderio, Schiazza, Menichino, Capozucco, Grassi (37'st Venturini), Di Prospero, Lisio (9'st Bayu), Barbacane (31'st Galanti), Caporale (44'st Di Giovannantonio). **All.** Appignani. **Arbitro:** Gabriel Ragona di Vasto. **Assistenti:** Roberto Di Risio e Francesco Giuseppe Saltarella di Lanciano. **Reti:** *35'st Grassi, 40'st Venturini.* **Note:** ammoniti Bertozzi (F), De Luca (F), Benini (F), Tinari (S), Schiedi (F), Venturini (S), Desiderio (S).

Fucense Trasacco-Celano: 0-1

Fucense Trasacco: Colella (1'st Scognamiglio), Di Prisco (9'st Abagnale), Fellini, Ferrazza (1'st D'Alessio), D'Amico, Idrofano, Commesso, Capaldi (18'st Grande), Curri, Angelini, Cancelli. **All.** Gallese. **Celano:** Santoro, Di Renzo, G. Mione, D'Agostini, Villa, Di Fabio, Paneccasio (20'st Di Giovambattista, Fidanza, Libonatti, Volpe, Palombizio (13'st M. D'Amore). **All.** Celli. **Arbitro:** Cristian Di Renzo di Avezzano. **Assistenti:** Angelo Leone di Sulmona e Pavel Babicenco dell'Aquila. **Rete:** *2'pt Paneccasio.* **Note:** ammoniti Di Fabio (C), Ferrazza (F), Kras (C), Curri (F), Cesile (F).

Hatria-Morro d'Oro: 0-0

Hatria: Pelusi, Pavone, Manco, Ceccani, Tancini De Almeida, Marotta (11'st Mastramico), Quadrini (30'st Carpegna), Medeiros (30'st Assogna), Novello, Della Sciucca (24'st Pereyro), Zippilli (19'st De Simone). **All.** Reitano. **Morro d'Oro:** Berardinelli, Di Stanislao (11'st Castagna), Cichetti, Tondo (1'st Ramku), Di Michele, Bosica, Tine Mori, Ferro (1'st Jotta), Sciannella (1'st Forcellese), N. Campanile (1'st Sarr), Ettorre. **All.** L. Campanile. **Arbitro:** Michele Ciannarella di Pescara. **Assistenti:** Felice Mazzocchetti di Teramo e Francesco Ronca di Pescara. **Note:** ammoniti Bosica (M), Manco (H), Ramku (M), Quadrini (H); Tine Mori (M).

Lauretum-Pianella 2012: 2-3

Lauretum: Acerbo, Fiorito (1'st Massascusa), Di Clemente (1'st Antonini), Rasetta (20'pt Argento), D'Alessandro, Vianale, Evangelista, Federico, Giovanni Di Fazio (17'st D'Anniballe), Marrone, K. Di Quilio (1'st Ferrini). **All.** Di Biccari. **Pianella 2012:** D'Ettorre, Orsini (40'st Laterza), Pretara, Di Girolamo, Karaci, Marcedula, Morelli (26'st Anxhelo Hoxha), Di Moia (26'st Fortuna), Nicolini, Silvestri (36'st Di Martile), Dottore (12'st Rosini). **All.** Contini. **Arbitro:** Elena Bomba di Lanciano. **Assistenti:** Francesco Di Marte di Teramo e Diana Di Meo di Pescara. **Reti:** *10'pt F. Nicolini (P), 15'pt e 2w'pt M. Morelli (P), 1'st su rigore e 44'st S. D'Anniballe (L).* **Note:** espulso al 25'st Marrone (L) per somma di ammonizioni; ammoniti Giovanni Di Fazio (L), Vianale (L), Dottore (P), Karaci (P), Di Girolamo (P), Nicolini (P), Pretara (P).

Luco Calcio-Pucetta: 1-1

Luco Calcio: Venditti, Ciocci, Mencarini, Esposito, Shero, Angelucci (34'st Pergolini), Amanzi (5'st Cherubini), Cinquegrana, Shala, Briciu, Secondo. **All.** Fidanza. **Pucetta:** Brassetti, Neri, Boukhrais (15'pt Federici), M. Tuzi, Castellani, Di Marco (21'st A. Tuzi), Nazzicone (25'st Rametta), Pascucci (43'st Biancone), Carosone, Theodoro De Almeida (37'st Graziani), Marianella (21'st Mattei). **All.** Giannini. **Arbitro:** Matteo Lanconelli di Avezzano. **Assistenti:** Alessio Di Santo di Sulmona e Emanuele Torrelli di Avezzano. **Reti:** *3'st R. Theodoro De Almeida (P), 10'st N. Briciu (L).* **Note:** espulso al 38'st Ciocci (L) per somma di ammonizioni; ammoniti Nazzicone (P), Shero (L), Marianella (P), Theodoro De Almeida (P), Cinquegrana (L), Cherubini (L), Castellani (P), Briciu (L).

Miglianico-Nicola Galante Casalbordino: 3-4 (ai rigori)

Miglianico: Scuccimarra, Goy (22'st Di Ghionno), Cozzi (1'st Ndiaye), Di Cintio, Sehitaj, D'Anteo, Rossi, Di Bartolomeo (31'st Grannonio), Scenna (1'st Maggiore), Bruno (31'st Bombini), Louennous. **All.** Mucciante. **Nicola**

Galante Casalbordino: D'Amico, Racciatti, Suppressa, Ramos Sanchez, Cardinale, Bonasia, Mangiacasale, Della Penna (18'st Carotenuto), Margagliotti (34'st Bonacci), Conti, De Riccardis (18'st Cianci). **All.** Borrelli. **Arbitro:** Federico Di Caro di Chieti. **Assistenti:** Alberto Colonna di Vasto e Lorenza Cotellessa di Lanciano. **Reti:** *4'pt Conti (N), 10'st Rossi (M).* **Note:** ammoniti De Riccardis (C), Louennous (M), Di Bartolomeo (M).

Montorio 88-Favale 1980: 3-3

Montorio 88: Natale (1'st Rapagnani), Di Silvestre (13'st Mosca), Monaco, Ndoje, Gridelli, D'Ignazio (1'st Di Felice), Urbani (24'st Marini), Di Sante, Ridolfi, Guerra (28'st D'Andrea), Leonzi. **All.** Cipolletti. **Favale 1980:** Ragni (39'st Amatucci), Qatja, Di Marco, Centi, Toscani, Marini (13'st Traini), Strappelli, Kala, Africani, Cinaglia, Di Blasio (29'st Gasparretti). **All.** G. De Amicis. **Arbitro:** Pierludovico Arnese di Teramo. **Assistenti:** Alessio Aloisi e Francesco Coccia Colaiuda dell'Aquila. **Reti:** *7'pt Guerra (M), 23'pt e 15'st Di Blasio (F), 12'st Africani (F), 32'st Leonzi (M), 47'st Di Sante (M).* **Note:** ammoniti Marini (F), Dil Silvestre (M), Qatja (F), Monaco (M), Di Marco (F), Gridelli (M), Cinaglia (F), Ridolfi (M).

New Club Villa Mattoni-Mosciano: 2-2

New Club Villa Mattoni: Pezzuoli, Di Ascenzo, Tedorori, Di Antonio (25'st Tempestilli), Di Girolamo, Zenobi, Biancucci (22'st Pompetti), Ciarrocchi (44'st Giovannini), Manari (22'st Giampieri), Di Stefano (44'st L. Settembri), L. Bizzarri. **All.** C. Settembri. **Mosciano:** Bruno, Della Sala, Palandrani, Tini, Casimirri, Erasmi, Puglia, Pizzangrilli (30'st Bartolacci), Diaz Verde (25'st Kruger), Chiacchiarelli, Ferri. **All.** Cianfagna. **Arbitro:** Augusto Di Girolamo di Teramo. **Assistenti:** Yuri Buonpensa e Pierluigi De Luca di Pescara. **Reti:** *19'pt Diaz Verde (M), 27'pt su rigore Puglia (M), 35'pt Biancucci (N), 1'st Manari (N).* **Note:** ammoniti Erasmi (M), Di Antonio (N), Ciarrocchi (N).

Pizzoli-Amiternina: 2-1

Pizzoli: Muscato, Marini (41'st Giorgi), Ponzi, Albani, Mazza, Tinari (30'st Rugani), Passacantando, M. Montorselli (17'st S. Montorselli), Patrizi (20'st Piri), V. Di Lillo, D'Agostino. **All.** Napoli. **Amiternina:** D'Angelo, Paolucci, Lepidi (7'st Fischione), Linares Robles (22'st Ruggeri), Traoré Traoré, Gentile (15'st Angelone), Rossi, Bizzini (7'st Carrozzi), Espada Goya, Alfonsi (12'st Del Pinto), Vasi. **All.** Di Felice. **Arbitro:** Nicola Saraceni di Vasto. **Assistenti:** Guido Alonzi di Avezzano e Mohamed Oraby dell'Aquila. **Reti:** *5'pt Tinari (P), 19'pt Passacantando (P), 36'pt Vasi (A).* **Note:** ammoniti Rossi (A), Marini (P), Mazza (P), V. Di Lillo (P), S. Montorselli (P).

Rosetana-Mutignano: 3-3

Rosetana: Quaranta, Di Remigio, Ursini, Logrieco, Gambuzza, Sfredda, Tedone (24'st Stancarone), Zimei, Picci, Omonuwa, Belfiore (30'st Talento). **All.** Barnabei. **Mutignano:** Condurache, Stella (38'st Cimino), De Fanis, Gentile, Proterra (1'st Addazii), Natale Mbodj, Colleluori, Di Ridolfi, Nunziato (1'st Semenzini), Di Tecco (24'st Rastelli), Rachini (42'st Verzieri). **All.** Cavicchia. **Arbitro:** Pierpaolo Costantini di Pescara. **Assistenti:** Felice Mazzocchetti di Teramo e Diana Di Meo di Pescara. **Reti:** *14'pt Logrieco (R), 28'pt Stella (M), 5'st su rigore Addazii (M), 13'st Sfredda (R), 25'st Semenzini (M), 34'st Picci (R).* **Note:** ammoniti Tedone (R), Ursini (R), Gambuzza (R), Zimei (R), De Fanis (M), Natale Mbodj (M).

San Gregorio-Tornimparte 2002: 0-0

San Gregorio: Di Casimiro, Rampini (21'st Ricci), Marchetti, D. Di Alessandro, A. Di Alessandro, Bravoco (21'st Romano), Magistro (11'st Flaiano), Nanni, I. Anaya Ruiz, Mazzaferro (8'st Galassi), Napoleon (31'st Moscone). **All.** Rotili. **Tornimparte 2002:** Ludovisi, Rovo, Parisi, Di Marzio, Andreassi, Di Battista, Lorenzo Sanderra (20'st Masciantonio), Cicchetti, L. Paiola (20'st Spagnoli), Civic (1'st M. Miocchi), M. Paiola. **All.** Luca Sanderra. **Arbitro:** Vincenzo De Santis di Avezzano. **Assistenti:** Gjuliano Dodani e Jacopo Salera di Avezzano. **Note:** espulso al 38'pt Nanni (S); ammoniti Civic (T), Di Battista (T), I. Anaya Ruiz (S), Napoleon (S), Cicchetti (T).

San Vito 83-Val di Sangro: 1-2

San Vito 83: Ezzaki, Giuliani, S. Scarinci, Palermo (13'st Manfredi), Mainella (42'st Nicolas Nardone), Scutti, D'Alessandro, N. Di Battista (13'st Colaiezzi), Verì (28'pt J. Di Battista), Giovannelli, Cardone (17'st Di Biccari). **All.** Nicola Nardone / Roberto Nardone. **Val di Sangro:** Serrapica, Mastronardi, Lusi (34'st A. D'Orazio), Valerio, M. Rossetti, Ranieri (26'st Trisi), Antonini (10'st Pizzi), Carpineta, P. D'Orazio (10'st Tucci), Malvone, Lafsahi (22'st Pileggi). **All.** Bellè. **Arbitro:** Sebastiano Di Florio di Lanciano. **Assistenti:** Emanuele Verardi e Emanuele D'Adamo di Vasto. **Reti:** *42'pt Mainella (S), 4'st Malvone (V), 32'st M. Rossetti (V).* **Note:** espulso al 27'pt Giuliani (S) per somma di ammonizioni; ammoniti Giuliani (S), Mastronardi (V), Valerio (V), S. Scarinci (S).

San Benedetto Venere-Tagliacozzo: 4-1

San Benedetto Venere: Bassi, Di Panfilo (27'st Di Pippo), Di Vittorio (27'st Calocchia), Liberati, Cipriani (15'st Dello Iacono), Severini, Ettorre, Gramegna, Cordischi, Catalli, Del Vecchio (9'st L. Di Genova, 10'st Tarquini). **All.** B. Di Genova. **Tagliacozzo:** Ruggeri (23'pt De Sanctis), Di Giuseppe, De Luca, Sefgjini, Paolucci (25'st Panichi), Tabacco (14'st Di Battista), Panella (28'st Giordani), V. Di Rocco (25'st D. Di Rocco), Crescimbeni, Silvestri, Torturo. **All.** Mazzei. **Arbitro:** Mattia Buzzelli di Avezzano. **Assistenti:** Matteo Corradi di Avezzano e Flaminia Di Gregorio di Sulmona. **Reti:** *4'pt su rigore Torturo (T), 43'pt su rigore, 11'st e 37'st Catalli (S), 39'st Ettorre (S).* **Note:** espulso al 12'st Sefgjini (T) per somma di ammonizioni; ammonito Paolucci (T).

Scafapassocordone-Bucchianico: 5-1

Scafapassocordone: Rosano, Allegro, Amicone (26'st Sciarretta), D'Alimonte, Colangelo, Troiano (6'st Castellucci), Di Giampaolo, Giusti, Cesarone (6'st Di Fabio), Pizzola (19'st Odoardi), Cissé (17'st Canzano). **All.** De Melis. **Bucchianico:** Gagliardi, Febbo (32'st De Sanctis), Di Giandomenico, D'Isidoro, Malandra, Piri, Di Biase, Florani (14'st Bispo Dos

Santos), Cavallo (26'st Campobassi), Di Nardo (19'st Di Nisio), Iacobucci (14'st D'Angelo). **All.** Lombardi. **Arbitro:** Lorenzo Giuliani di Pescara. **Assistenti:** Amedeo Di Nardo Di Maio di Pescara e Pierluigi Ciofani di Chieti. **Reti:** *9'pt e 17'st su rigore Pizzola (S), 24'pt Allegro (S), 14'st Cissè (S), 45'st Di Giampaolo (S), 32'st Di Biase (B).* **Note:** espulso al 43'st Di Nisio (B) per condotta violenta; nessun ammonito.

Sporting Altino-Casolana: 0-0

Sporting Altino: Mainardi (37'st Del Pizzo), Di Biase (21'st Natale), Marrone, Primante (39'st D'Orazio), Lusi, Pasquini (44'st Scutti), Caporale, D'Orsaneo Di Santo, Di Falco, Carunchio, Silverii (34'st Picciotti). **All.** Piccirilli. **Casolana:** Pietropaolo, Consalvo, Scaglione (11's Capuzzi), Bah (37'st Di Prinzio), Antonio Caniglia, Pasquarelli (8'st Battista), De Cinque, Piccoli (8'st Di Bartolomeo), De Lellis (11'st Candeloro), La Morgia, Barry. **All.** A. **Arbitro:** Simone Spadaccini di Chieti. **Assistenti:** Andrea Marrollo e Grazia Pia De Martino di Vasto. **Note:** ammonito La Morgia (C).

Turris Calcio Val Pescara-Penne: 2-2

Turris Calcio Val Pescara: Mastropietro (32'st Carità), Capitanio (38'st Maiorani), Del Greco (42'st Ranalli), Cichella, Kelly Ortellado, Casati (32'st Mariani), Lazzari, Rossodivita, De Angelis, Perrotta, Ragnoli. **All.** Del Zotti. **Penne:** D'Intino, Di Martino (5'st Fonticoli), Petrucci (17'st Di Pentima), Sablone (21'st Grande), Sichetti, Rossi, Reale Ruffini, Spadafora (32'st Barlaam), Cacciatore, Di Domizio (5's Serti), D'Orazio. **All.** Pavone. **Arbitro:** Nicolò Torricella di Vasto. **Assistenti:** Giulio Basile di Chieti e Bryan Perfetto di Pescara. **Reti:** *2'pt Sablone (P), 29'pt D'Addazio (P), 10'st Ragnoli (T), 33'st De Angelis (T).* **Note:** ammoniti Cichella (T), Grande (P), Di Martino (P), Capitanio (T), Reale Ruffini (P), Maiorani (T).

SECONDO TURNO A TRIANGOLARI

TRIANGOLARE A
1ª giornata – giovedì 8 dicembre 2022

Pucetta-Fucense Trasacco   2-1
Ha riposato: San Benedetto Venere

Pucetta-Fucense Trasacco: 2-1

Pucetta: Colella, Boukhrais, Tavani, Mattei (8'st Pascucci), Castellani, Di Marco, Carosone (32'st Graziani), Marianella, Da Conceiçao Pinto (40'st Desideri), Theodoro De Almeida, Bernabale (36'st Federici). **All.** Giannini. **Fucense Trasacco:** Scognamiglio (48'st Taricone), Venditti, Panza (10'st Fellini), Capaldi (14'st D'Amico), Esposito, Idrofano, Rametta, Ferrazza (1'st

Angelucci), De Carolis, Bisegna, Grande (1'st Curri). **All.** Gallese. **Arbitro:** Michele Raiola di Teramo. **Assistenti:** Emanuele Torrelli di Avezzano e Matteo Leli dell'Aquila. **Reti:** *16'pt Bisegna (F), 18'pt e 27'pt Da Conceiçao Pinto (P).* **Note:** espulso al 38'st Tavani (P) per somma di ammonizioni; ammoniti Da Conceiçao Pinto (P), Castellani (P), Colella (P), Bisegna (F), Venditti (F), Fellini (F).

2ª giornata – sabato 17 dicembre 2022

Fucense Trasacco-San Benedetto Venere   2-2
Ha riposato: Pucetta

Fucense Trasacco-San Benedetto Venere: 2-2

Fucense Trasacco: Scognamiglio, Martinelli, Panza (14'st Rametta), Angelucci, D'Amico, Idrofano, Cancelli, Santucci, Curri (23'st De Carolis), Bisegna, De Foglio (14'st Venditti). **All.** Gallese. **San Benedetto Venere:** Roselli, Di Panfilo, Di Vittorio, Liberati, Cipriani, Severini, Ettorre, D'Agostino (20'st Del Vecchio), Mancini, Catalli, Gramegna (12'st Cordischi). **All.** B. Di Genova. **Arbitro:** Giammarco Cianca dell'Aquila. **Assistenti:** Filippo Giancaterino e Steven Terrenzi di Pescara. **Reti:** *18'pt Angelucci (F), 34'pt Mancini (S), 27'st autorete (F), 30'st Ettorre (S).* **Note:** ammoniti Bisegna (F), Cipriani (S), Venditti (F), Liberati (S), Angelucci (F), Cancelli (F), Di Vittorio (S), D'Amico (F), Idrofano (F).

3ª giornata – domenica 8 gennaio 2023

San Benedetto Venere-Pucetta   2-0
Ha riposato: Fucense Trasacco
Classifica finale: SAN BENEDETTO VENERE 4; Pucetta 3; Fucense Trasacco 1

San Benedetto Venere-Pucetta: 2-0

San Benedetto Venere: Bassi, Cipriani (42'st Calocchia), Di Panfilo, Liberati (20'st Zazzara), Severini, Zarini, Cordischi (8'st Ettorre), Di Pippo (20'st D'Agostino), Mancini (8'st Fidanza), Gramegna, Migliori. **All.** B. Di Genova. **Pucetta:** Colella, Boukhrais, Bernabale (13'st Dos Reis Viegas), M. Tuzi, Desideri, Di Marco, Mattei, Pascucci, Da Conceiçao Pinto (13'st Federici), Theodoro De Almeida, Carosone. **All.** A. **Arbitro:** Saverio Di Vito di Avezzano. **Assistenti:** Matteo Corradi di Avezzano e Angelo Leone di Sulmona. **Reti:** *38'st e 41'st Ettorre.* **Note:** ammoniti Theodoro De Almeida (P), Di Marco (P), Di Pippo (S), Colella (P), Di Panfilo (S).

TRIANGOLARE B
1ª giornata – giovedì 8 dicembre 2022

San Gregorio-Pizzoli   **2-0**
Ha riposato: Montorio 88

San Gregorio-Pizzoli: 2-0

San Gregorio: Meo, M. Di Alessandro, Marchetti, Florindi (31'st Di Cesare), Ricci, Romano, Rampini (19'st Galassi), Bravoco (1'st D. Di Alessandro), I. Anaya Ruiz, Felline (1'st Mazzaferro), Menegussi (31'st Magistro). **All.** Rotili. **Pizzoli:** Muscato, Marini, Di Stefano, Salvati, Rugani, Tinari, S. Montorselli, Passacantando, Piri (28'st Ranalli), G. Di Lillo (28'st Arciprete), D'Agostino. **All.** Rainaldi. **Arbitro:** Alessandro Di Stefano di Teramo. **Assistenti:** Stefano Brandimarte e Gianmarco Di Filippo di Teramo. **Reti:** *18'st I. Anaya Ruiz, 48'st Mazzaferro.* **Note:** ammoniti Rampini (S), Ricci (S), Muscato (P), Tinari (P).

2ª giornata – sabato 17 dicembre 2022

Pizzoli-Montorio 88   **2-2**
Ha riposato: San Gregorio

Pizzoli-Montorio 88: 2-2

Pizzoli: Panella (30'st Muscato), Marini, Di Stefano, Salvati (20'st S. Montorselli), Grasso, Rigani, Arciprete (36'pt Serpetti, 20'st Ranalli), Passacantando (16'st G. Di Lillo), Piri, M. Montorselli, Tinari. **All.** Rainaldi. **Montorio 88:** Rapagnani, Giovannone, Maselli (31'pt Marini, 18'st Di Francesco), Urbani, Salvi, Di Felice (18'st Giancarli), Mosca (15'st D'Ignazio), Fulvi, Ridolfi, Chiacchiarelli, Leonzi. **All.** Cipolletti. **Arbitro:** Cristian Di Renzo di Avezzano. **Assistenti:** Gjuliano Dodani di Avezzano e Angelo Leone di Sulmona. **Reti:** *20'pt Ridolfi (M),* 9'st *autorete (P),* 11'st Piri *(P),* 35'st S. Fulvi (M). **Note:** ammoniti Tinari (P), Fulvi (M).

3ª giornata – domenica 8 gennaio 2023

Montorio 88-San Gregorio   **2-1**
Ha riposato: Pizzoli
Classifica finale: MONTORIO 88 4; San Gregorio 3; Pizzoli 1

Montorio 88-San Gregorio: 2-1

Montorio 88: Rapagnani, Giovannone, Ndoje, Fall, Gridelli, Di Sante, Mosca, Fulvi (17'st Salvi, 36'st Massacci), Ridolfi, Chiacchiarelli (8'st Giancarli), Maselli (29'st D'Ignazio). **All.** Cipolletti. **San Gregorio:** Di Casimiro, Nanni, Rampini, Florindi (30'st Flaiano), Romano, M. Di Alessandro (39'st Felline), Maisto, D. Di Alessandro (26'st Bravoco),

Menegussi (30'st Marchetti), Mazzaferro, Galassi (17'st Barretta). **All.** Rotili. **Arbitro:** Pierpaolo Costantini di Pescara. **Assistenti:** Stefano Margarito di Pescara e Bryan Perfetto di Pescara. **Reti:** *5'pt Gridelli (M), 10'pt Ridolfi (M), 42'st Maisto (S).* **Note:** ammoniti Ridolfi (M), Nanni (S), Gridelli (M), Giancarli (M), Ndoje (M).

TRIANGOLARE C
1ª giornata – giovedì 15 dicembre 2022

Scafapassocordone-Hatria   2-2
Ha riposato: Real C. Guardia Vomano

Scafapassocordone-Hatria: 2-2

Scafapassocordone: Fiore (1'st Rosano), Giusti, Colangelo, Fayinkeh (35'st D'Alimonte), Sciarretta, Silvaggi, Traoré, Pastore, Cesarone (13'st Castellucci), Di Fabio, Cissé. **All.** De Melis. **Hatria:** D'Andrea, Pavone (40'st Renzetti), Pereyro (13'st Marotta), Tancini De Almeida, A. Percuoco, Zippilli, Ceccani, Carpegna, Sabir Belaich, Quadrini (27'pt F. Percuoco), Assogna. **All.** Reitano. **Arbitro:** Vincenzo De Santis di Avezzano. **Assistenti:** Niko Ricci di Chieti e Diana Di Meo di Pescara. **Reti:** *4'pt Di Fabio (S), 25'pt Traorè (S), 28'pt Ceccani (H), 29'st Carpegna (H).* **Note:** ammoniti Fiore (S), Marotta (H), F. Percuoco (H), Sciarretta (S), Traoré (S).

2ª giornata – domenica 18 dicembre 2022

Real C. Guardia Vomano-Scafapassocordone   4-2
Ha riposato: Hatria

Real C. Guardia Vomano-Scafapassocordone: 4-2

Real C. Guardia Vomano: Manizzi, Carusi (35'st Petrucci), Nardi, Di Bonaventura, Di Giovanni, Forcellese, Santone (7'st Bala), Di Gianluca, Trento (26'st Gardini), Reginelli (7'st Selmanaj), Arrighetti (20'st Cascioli). **All.** Evangelisti. **Scafapassocordone:** Rosano, Giusti, Zaccagnini, Fayinkeh,

Silvaggi, Troiano, Traoré, Pastore (1'st Allegro), D'Alimonte (35'st Odoardi), Di Fabio (14'st Castellucci), Cissé (26'st Cesarone). **All.** De Melis. **Arbitro:** Domenico Pace dell'Aquila. **Assistenti:** Igor Ciprietti e Leonardo Di Egidio di Teramo. **Reti:** *41'pt Forcellese (R), 44'pt su rigore e 8'st Traorè (S), 6'st Santone (R), 36'st Di Bonaventura (R), 48'st Gardini (R).* **Note:** ammoniti Di Bonaventura (R), Trento (R), Cascioli (R), Traoré (S).

3ª giornata – domenica 8 gennaio 2023
Hatria-Real C. Guardia Vomano   **0-2**
Ha riposato: Scafapassocordone
Classifica finale: REAL C. GUARDIA VOMANO 6; Scafapassocordone e Hatria 1

Hatria-Real C. Guardia Vomano: 0-2
Hatria: D'Andrea, Pavone (15'st A. Percuoco), Pereyro, Ceccani, Mastramico (28'st Marotta), Ruiz Paez, Mboup (33'pt Della Sciucca), Tancini De Almeida, Carpegna (13'pt Sabir Belaich), Assogna (31'st Zippilli), F. Percuoco. **All.** Reitano. **Real C. Guardia Vomano:** Manizzi, Petrucci (28'st Spinosi), Nardi, Di Bonaventura (7'st Di Gianluca), Di Giovanni, Forcellese, Santone (7'st Bala), Di Giacinto, Gardini (16'st Di Niso), Cascioli (7'st Selmanaj), Arrghetti. **All.** Evangelisti. **Arbitro:** Lorenzo Giuliani di Pescara. **Assistenti:** Gianmarco Di Filippo e Francesco Di Marte di Teramo. **Reti:** *4'pt Forcellese, 11'st Selmanaj.* **Note:** ammoniti Mboup (H), Ruiz Paez (H), Di Giovanni (R), A. Percuoco (H).

TRIANGOLARE D
1ª giornata – domenica 18 dicembre 2022
Bacigalupo Vasto Marina-Virtus Cupello   **2-3**
Ha riposato: Nicola Galante Casalbordino

Bacigalupo Vasto Marina-Virtus Cupello: 2-3
Bacigalupo Vasto Marina: Ottaviano, D. Santone, Vespasiano, F. Santone (46'st Finarelli), Iarocci (41'st Pedone), Priori, Shipple (35'st Rozanc), Gagliano, Minichillo (41'st Di Giacomo), De Vizia, Petrella (15'st Larivera). **All.** Avantaggiato. **Virtus Cupello:** Di Giacomo, Zaccardi, De Fabritiis, Donatelli, Giuliano, Berardi, Sene (10'st Napolitano), Tafili, Paravati (37'st D'Ovidio), Stivaletta (44'st Sciascia), Troiano (41'st Di Fabio). **All.** Soria. **Arbitro:** Federico Di Caro di Chieti. **Assistenti:** Amedeo Di Nardo Di Maio e Bryan Perfetto di Pescara. **Reti:** *15'pt Minichillo (B), 2'st Troiano (V), 17'st e 37'st Stivaletta (V), 48'st su rigore De Vizia (B).* **Note:** ammoniti Troiano (V), D. Santone (B).

148

2ª giornata – giovedì 22 dicembre 2022

Nicola Galante Casalbordino-Bacigalupo Vasto Marina   4-0
Ha riposato: Virtus Cupello

Nicola Galante Casalbordino-Bacigalupo Vasto Marina: 4-0

Nicola Galante Casalbordino: D'Amico, Suppressa, De Riccardis (30'st Marocco), Ramos Sanchez, Cardinale, Bonasia, Bonacci (13'st Racciatti), Della Penna (37'st Pizzi), Diaz Verde (32'st Đurić), Conti (22'st Sejmenović), Rizzo. **All.** Borrelli. **Bacigalupo Vasto Marina:** Ottaviano, Romano, Shipple, Petrone, Priori, Vespasiano, Larivera (40'st Pedone), Gagliano (16'st Minichillo), Tarquini (40'st Di Giacomo), Rozanc, Petrella (37'st De Vizia). **All.** Avantaggiato. **Arbitro:** Giovanni Bognani di Lanciano. **Assistenti:** Giorgia Orecchioni e Francesco Giuseppe Saltarella di Lanciano. **Reti:** *38'pt e 32'st Diaz Verde, 16'st Della Penna, 43'st Pizzi.* **Note:** ammoniti Della Penna (C), Petrella (B), Shipple (B).

3ª giornata – domenica 8 gennaio 2023

Virtus Cupello-Nicola Galante Casalbordino   3-0
Ha riposato: Bacigalupo Vasto Marina
Classifica finale: VIRTUS CUPELLO 6; Nicola Galante Casalbordino 3; Bacigalupo Vasto Marina 0

Virtus Cupello-Nicola Galante Casalbordino: 3-0

Virtus Cupello: Di Giacomo, Zaccardi, De Fabritiis, Donatelli (37'st Giardino), Giuliano, Felice (29'pt Abbonizio), Berardi (20'st Napolitano), Tafili, Sene (9'st Stivaletta), Paravati (28'st Seck), Falco. **All.** Soria. **Nicola Galante Casalbordino:** D'Amico, Suppressa, De Riccardis (28'st Marocco), Ramos Sanchez, Cardinale, Bonasia, Mangiacasale, Della Penna, Pizzi (1'st Racciatti), Bonacci, Rizzo. **All.** Borrelli. **Arbitro:** Francesco Di Rocco di Pescara. **Assistenti:** Pierpaolo Salvati di Sulmona e Cristian Di Tondo di Lanciano. **Reti:** *45'pt Sene, 32'st Seck, 41'st Stivaletta.* **Note:** espulsi al 26'st Cardinale (C) per somma di ammonizioni e al 45'st D'Amico (C) per proteste; ammoniti Sene (V), D'Amico (C), Stivaletta (V), Suppressa (C).

TRIANGOLARE E
1ª giornata – domenica 18 dicembre 2022

Casolana-Francavilla   1-4
Ha riposato: Val di Sangro

Casolana-Francavilla: 1-4

Casolana: Di Cencio, Di Bartolomeo (46'st Candeloro), Consalvo, G. Giangiulio, Antonio Caniglia (29'st Scoglio), Hakani (40'st Kola), Colabattista, Piccoli (13'st Di Prinzio), De Lellis, Capuzzi, Scaglione (46'st Nuhaj). **All.** Bisci. **Francavilla:** Sablone, Fioriti (42'st Cerrone), Barbetta, Marsilio, Finizio, Tacconelli, Barbone, Galasso, Bernabeo, Schiedi, Moro. **All.** D'Ambrosio. **Arbitro:** Asia Armaroli di Teramo. **Assistenti:** Felice Mazzocchetti e Filippo Cerasi di Teramo. **Reti:** *9'pt Antonio Caniglia (C), 17'st, 28'st, 42'st e 47'st Bernabeo (F).* **Note:** ammoniti Scaglione (C), Barbetta (F), Finizio (F).

2ª giornata – giovedì 22 dicembre 2022

Val di Sangro-Casolana   2-1
Ha riposato: Francavilla

Val di Sangro-Casolana: 2-1

Val di Sangro: Cialdini, N. Abbonizio (13'st Ranieri), Di Biase, Orlando, Carpineta, M. Rossetti, Tano, Giorgio (13'st Pili), Pileggi (20'st Scutti), Fonseca De Araujo (20'st Chiarini), Malvone (13'st Lafsahi). **All.** Di Toro. **Casolana:** Di Cencio (1'st Tilli), Alessandro Caniglia, Scaglione (1'st Consalvo), Hakani (10'st Di Prinzio), Antonio Caniglia, Di Bartolomeo (1'st Piccoli), Colabattista, M. De Camillis, De Lellis, Capuzzi, Manuri (25'st Candeloro). **All.** Bisci. **Arbitro:** Pierpaolo Costantini di Pescara. **Assistenti:** Amedeo Di Nardo Di Maio di Pescara e Cristian Di Tondo di Lanciano. **Reti:** *36'pt Pileggi (V), 28'st Carpineta (V), 29'st su rigore Capuzzi (C).* **Note:** espulso al 39'st Di Biase (V) per condotta violenta; ammoniti Hakani (C), Di Bartolomeo (C), Alessandro Caniglia (C), Orlando (V), M. Rossetti (V).

3ª giornata – domenica 8 gennaio 2023

Francavilla-Val di Sangro   **1-1**

Ha riposato: Casolana

Classifica finale: FRANCAVILLA 4; Val di Sangro 1; Casolana 0

Francavilla-Val di Sangro: 1-1

Francavilla: Spacca, Bertozzi (35'st Chiulli), Barbetta (19'pt Finizio), Schiedi (14'st Petaccia), Moro, Tacconelli, Barbone (35'st Fioriti), Galasso, Bernabeo, Sall, Starnieri. **All.** D'Ambrosio. **Val di Sangro:** Cialdini, Ranieri, Mastronardi, Giorgio, Carpineta, M. Rossetti, Pili (15'st Tano), Fonseca De Araujo (36'st Trisi), Lafsahi, Malvone, Pierri (27'st Chiarini). **All.** Di Toro. **Arbitro:** Vincenzo De Santis di Avezzano. **Assistenti:** Amedeo Di Nardo Di Maio di Pescara. **Reti:** *30'pt Bernabeo (F), 48'st M. Rossetti (V).* **Note:** ammoniti Starnieri (F), M. Rossetti (V), Masciangelo (F).0

TRIANGOLARE F
1ª giornata – domenica 18 dicembre 2022

New Club Villa Mattoni-Mutignano   **2-0**

Ha riposato: Fontanelle

New Club Villa Mattoni-Mutignano: 2-0

New Club Villa Mattoni: Pezzuoli, S. Bizzarri, Di Ascenzo, Giorgi, Pompetti, Zenobi, Tempestilli (39'st L. Bizzarri), Tamburrini, Manari (31'st Ciarrocchi), Di Stefano (42'st Di Simplicio), L. Settembri (17'st Pediconi). **All.** C. Settembri. **Mutignano:** Condurache, Verzieri (20'st Cimino), Gentile, Colleluori, Ippoliti, Proterra, Di Ridolfi, Rastelli, Ndiaye, Mariani (20'st Valentini), Rachini (20'st Nunziato). **All.** Piccioni. **Arbitro:** Nicola De Iuliis di Lanciano. **Assistenti:** Federico Amelii e Stefano Brandimarte di Teramo. **Reti:** *20'st Di Ascenzo, 32'st Pediconi.* **Note:** ammoniti Di Stefano (N), S. Bizzarri (N), Verzieri (M), Ndiaye (M), Nunziato (M).

2ª giornata – giovedì 22 dicembre 2022

Mutignano-Fontanelle   **1-3**

Ha riposato: New Club Villa Mattoni

Mutignano-Fontanelle: 1-3

Mutignano: Condurache (33'st Lupinetti), Cimino (22'st Stella), Verzieri, Mariani (14'st Gentile), Colleluori, De Fanis, Ndiaye, Valentini (22'st Di Ridolfi), Nunziato (22'st Rachini), Di Tecco, Ruggieri. **All.** Piccioni. **Fontanelle:** Camaioni, Calvarese (5'st Sulaj), Spahiu, Olivieri (26'st Capretta), Tarquini, Faragalli, De Remigis (13'st De Luca), Maranella (5'st Foglia), M. Bizzarri (33'st Arveda), Perini, E. Bontà. **All.** G. Bizzarri.

Arbitro: Mauro Pomante di Pescara. **Assistenti:** Francesco Di Marte e Filippo Cerasi di Teramo. **Reti:** *18'st M. Bizzarri (F), 25'st Rachini (M), 27'st E. Bontà (F), 50'st Foglia (F).* **Note:** ammoniti Maranella (F), Di Tecco (M).

3ª giornata – mercoledì 4 gennaio 2023

Fontanelle-New Club Villa Mattoni   **1-1**

Ha riposato: Mutignano

Classifica finale: FONTANELLE e New Club Villa Mattoni 4; Mutignano 0

Fontanelle-New Club Villa Mattoni: 1-1

Fontanelle: Camaioni, Tarquini, Sulaj (42'st De Remigis), Olivieri (17'st Spahiu), Marcozzi, Faragalli, Foglia, Capretta (10'st Maranella), M. Bontà, Di Sante (22'pt Perini), E. Bontà (42'st Arveda). **All.** G. Bizzarri. **New Club Villa Mattoni:** Pezzuoli, Pompetti, Di Ascenzo, Di Antonio (14'st Tempestilli), Ciarrocchi (11'st Biancucci), Zenobi, Giorgi, Tamburrini (40'st L. Settembri), Pediconi, Manari (1'st Di Simplicio), L. Bizzarri. **All.** C. Settembri. **Arbitro:** Davide Troiani di Pescara. **Assistenti:** Giulia Di Rocco e Amedeo Di Nardo Di Maio di Pescara. **Reti:** *12'st Di Antonio (N), 20'st E. Bontà (F).* **Note:** ammonito Olivieri (F).

TRIANGOLARE G

1ª giornata – domenica 18 dicembre 2022

Pianella 2012-Villa 2015   **2-1**

Ha riposato: Turris Calcio Val Pescara

Pianella 2012-Villa 2015: 2-1

Pianella 2012: D'Ettorre, Vedovato, Fortuna, Di Girolamo, Karaci, Marcedula, Morelli, Di Moia (17'st Morelli), Rosini, Silvestri, Dottore (17'st Anxhelo Hoxha). **All.** Contini. **Villa 2015:** Giangiacomo, Barbone, Rosati, Di Pietrantonio (30'st Lila), Di Sabatino, D'Intino, De Luca, D'Arcangelo (34'st Falasca), Florio, Di Nicola, Zaffiri (6'st Criscolo). **All.** Lalli. **Arbitro:**

Saverio Di Vito di Avezzano. **Assistenti:** Alessio Aloisi e Angelo Ciocca dell'Aquila. **Reti:** *29'pt Masiello (P), 7'st Florio (V), 13'st su rigore Rosini (P).* **Note:** ammoniti Rosini (P), Criscolo (V), Anxhelo Hoxha (P).

2ª giornata – giovedì 22 dicembre 2022

Villa 2015-Turris Calcio Val Pescara   2-4
Ha riposato: Pianella 2012

Villa 2015-Turris Calcio Val Pescara: 2-4

Villa 2015: Barbone, Falasca (32'st D'Intino), De Luca, Di Nicola (29'st Zaffiri), Fusella (1'st D'Isidoro), Rosati, Criscolo, Di Cintio, Florio, Nardone (22'st Di Pietrantonio), De Felice (1'st Palazzo). **All.** Lalli. **Turris Calcio Val Pescara:** Montanaro, Ranalli (22'st Del Greco), Di Sante, Cichella, Kelly Ortellado (49'st Rabino Alvarez), Casati (24'st Lazzari), Perrotta (13'st Ragnoli), Rossodivita, De Angelis, Dieye (16'st Maiorani), Margagliotti. **All.** Del Zotti. **Arbitro:** Michele Raiola di Teramo. **Assistenti:** Matteo Corradi di Avezzano e Mattia Mattucci di Teramo. **Reti:** *10'pt e 3'st Casati (T), 11'pt Criscolo (V), 23'pt e 49'st De Angelis (T), 29'st Di Nicola (V).* **Note:** ammoniti Perrotta (T), Dieye (T), Kelly Ortellado (T), D'Intino (V), Margagliotti (T).

3ª giornata – giovedì 5 gennaio 2023

Turris Calcio Val Pescara-Pianella 2012   0-4
Ha riposato: Villa 2015
Classifica finale: PIANELLA 2012 6; Turris Calcio Val Pescara 3; Villa 2015 0

Turris Calcio Val Pescara-Pianella 2012: 0-4

Turris Calcio Val Pescara: Montanaro, Ranalli (22's Kelly Ortellado), Di Sante, Cichella, Rabino Alvarez (7'st Perrotta), Capitanio, Casati (30'st Lazzari), Rossodivita (7'st Dieye), Lazzari, Maiorani (7'st Margagliotti), Ragnoli. **All.** Del Zotti. **Pianella 2012:** D'Ettorre, Vedovato (40'st Del Biondo), Fortuna, Anxhelo Hoxha (20'st Magrini), Karaci, Marcedula, Morelli, Di Girolamo (1'st Grella), Rosini (1'st Pretara), Silvestri, Dottore (1'st Di Moia). **All.** Contini. **Arbitro:** Cristian Di Renzo di Avezzano e Felice Mazzocchetti di Teramo. **Assistenti:** A. **Reti:** *5'pt Dottore, 23'pt su rigore Roselli, 44'pt Rosini, 31'st Silvestri.* **Note:** ammoniti Casati (T), Marcedula (P), Dieye (T).

N.B. In maiuscolo le squadre qualificate

QUARTI DI FINALE

GARE DI ANDATA – mercoledì 1 marzo 2023

Montorio 88-New Club Villa Mattoni	**4-0**
Real C. Guardia Vomano-Pianella 2012	**1-0**
San Benedetto Venere-Fontanelle	**1-6**
Virtus Cupello-Francavilla	**1-3**

Montorio 88-New Club Villa Mattoni: 4-0

Montorio 88: Rapagnani, Maselli, Monaco (36'st Giancarli), Di Sante, Gridelli (34'pt Salvi), Giovannone, Fulvi (43'st Deliu), Massacci (27'st Urbani), Mosca, Chiacchiarelli, Di Francesco (23'st D'Ignazio). **All.** E. De Amicis. **New Club Villa Mattoni:** Pezzuoli, Pompetti, Di Ascenzo, Teodori, T. Bizzarri, Zenobi, Giorgi (13'st Ranalli), Tamburrini (32'st Manari), Ciarrocchi (32'st L. Settembri), Di Stefano (30'st Di Simplicio), L. Bizzarri (19'st Pediconi). **All.** C. Settembri. **Arbitro:** Davide Troiani di Pescara. **Assistenti:** Gianmarco Di Filippo di Teramo e Angelo Leone di Sulmona. **Reti:** *10'pt e 38'st Fulvi, 36'st D'Ignazio, 43'st Mosca.* **Note:** ammoniti Giovannone (M), Teodori (N), Massacci (M), Monaco (M), Rapagnani (M), Di Sante (M).

Real C. Guardia Vomano-Pianella 2012: 1-0

Real C. Guardia Vomano: Manizzi, Carusi (1'st Di Giovanni), Mattiucci (36'st Petrucci), Di Gianluca, Spinosi, Nardi, Di Niso, Reginelli (7'st Santone), Trento (13'st Gardini), Di Giacinto, Selmanaj (20'st Cascioli). **All.** Evangelisti. **Pianella 2012:** Di Muzio, Laterza (42'st Arber Hoxha), Pretara, Fortuna (28'st Di Moia), Marcedula, Anxhelo Hoxha, Gimmi (27'st Karaci), Silvestri (13'st Vedovato), Di Muzio (27'st Rosini), Morelli, Dottore. **All.** Fanì. **Arbitro:** Giammarco Cianca dell'Aquila. **Assistenti:** Steven Terrenzi di Pescara e Niko Ricci di Chieti. **Rete:** *23'st Gardini.* **Note:** ammoniti Nardi (R), Anxhelo Hoxha (P), Cascioli (R).

San Benedetto Venere-Fontanelle: 1-6

San Benedetto Venere: Ridolfi, Callocchia (4'st Zarini), Di Vittorio, Liberati (6'st Catalli), Cipriani (24'st De Michelis), D'Agostino (19'st Del Vecchio), Cordischi, Di Pietro (1'st Severini), L. Di Genova, Zazzara, Gramegna. **All.** B. Di Genova. **Fontanelle:** Camaioni, De Luca, Sulaj (35'st Calvarese), Capretta (44'st Vella), Marcozzi, Faragalli, Spahiu, Maranella (7'st Foglia), M. Bizzarri, E. Bontà (42'st Ciarrocchi), M. Bontà (14'st De Remigis). **All.** G. Bizzarri. **Arbitro:** Ferdinando Carluccio dell'Aquila. **Assistenti:** Francesco Giuseppe Saltarella di Lanciano e Diana Di Meo di

Pescara. **Reti:** *15'pt e 40'pt Marcozzi (F), 33'pt L. Di Genova (S), 36'pt M. Bizzarri (F), 20'st E. Bontà (F), 22'st Spahiu (F), 24'st Vella (F).* **Note:** ammoniti D'Agostino (S), M. Bizzarri (F).

Virtus Cupello-Francavilla: 1-3

Virtus Cupello: Di Giacomo, Zaccardi, Abbonizio (31'st Seck), Donatelli (21'st Napolitano), Giuliano, Felice, Falco, Tafili, Sene (12'st D'Ovidio), Stivaletta, Troiano. **All.** Soria. **Francavilla:** Spacca, Talento (44'st Bafile), Finizio (6'st Moroni), Petaccia, Moro, Tacconelli, Barbone, Galasso (44'st Masciangelo), Bernabeo, Starnieri (33'st Cerrone), Chiulli (16'st Tacchi). **All.** D'Ambrosio. **Arbitro:** Alessandro Piscopiello di Chieti. **Assistenti:** Pierpaolo Salvati di Sulmona e Grazia Pia De Martino di Vasto. **Reti:** *29'pt Chiulli (F), 24'pt Stivaletta (V), 32'st Starnieri (F), 42'st Bernabeo (F).* **Note:** espulso al 30'st Tafili per somma di ammonizioni; ammoniti Giuliano (V), Talento (F), Felice (V).

GARE DI RITORNO – mercoledì 15 marzo 2023

New Club Villa Mattoni-MONTORIO 88	**2-1**	
Pianella 2012-REAL C. GUARDIA VOMANO	**1-3**	
FONTANELLE-San Benedetto Venere	**0-1**	
FRANCAVILLA-Virtus Cupello	**4-1**	18 marzo

N.B. In maiuscolo le squadre qualificate

New Club Villa Mattoni-Montorio 88: 2-1

New Club Villa Mattoni: Luciani (30'st Pezzuoli), Pompetti, Di Ascenzo, Ciarrocchi, Di Antonio, Zenobi, Manari, Biancucci, Di Simplicio (1'st Teodori), Ranalli (1'st Pediconi), L. Bizzarri (1'st Giorgi). **All.** Bonfiglio. **Montorio 88:** Rapagnani, Massacci (1'st Leonzi), D'Ignazio, Salvi, Maselli, Ndoye, Mosca (44'st Deliu), Giancarli (41'st Marini), Ridolfi, Chiacchiarelli (35'st Pierannunzi), Di Francesco (40'pt Urbani). **All.** E. De Amicis. **Arbitro:** Leonardo Di Egidio di Teramo. **Assistenti:** Nicola De Ortentiis e Steven Terrenzi di Pescara. **Reti:** *25'pt Ridolfi (M), 44'pt Di Antonio (N), 18'st Giorgi (N).* **Note:** nessun espulso; nessun ammonito.

Pianella 2012-Real C. Guardia Vomano: 1-3

Pianella 2012: Di Muzio, Karaci, E. Hoxha (34'st Arber Hoxha), Fortuna, Marcedula, Anxhelo Hoxha, Vedovato (1'st Dottore), Di Girolamo (30'st Di Moia), Rosini, Di Muzio (30'st Morelli), Gimmi (9'st Di Antonio). **All.** Fanì. **Real C. Guardia Vomano:** Manizzi, Spinosi, Mattiucci (24'st Nardi),

Selmanaj, Di Giovanni, Di Gianluca (37'st Dezzi), Di Nisio (16'st Santone), Di Giacinto, Gardini, Trento (1'st Petrucci), Arrighetti (9'st Bala). **All.** Evangelista. **Arbitro:** Alessandro Piscopiello di Chieti. **Assistenti:** Michelangelo Longo di Chieti e Amedeo Di Nardo Di Maio. **Reti:** *8'pt Trento (R), 1'st Di Girolamo (P), 16'st e 44'st Gardini (R).* **Note:** ammonito Fortuna (P).

L'esultanza nello spogliatoio degli ospiti per l'approdo alle semifinali

Fontanelle-San Benedetto Venere: 0-1

Fontanelle: Camaioni, Calvarese, Arveda (29'st Ciarrocchi), Foglia, Marcozzi, Capretta, Spahiu, Maranella, M. Bizzarri, Perini (19'st De Luca), M. Bontà (26'st Sulaj). **All.** G. Bizzarri. **San Benedetto Venere:** Bassi (33'st Marmotta), Callocchia, Di Vittorio (30'st De Michelis), Liberati (28'st Cipriani), Di Pietro, Severini, Cordischi (19'st Ettorre), Del Vecchio, Mancini, Catalli, Fidanza (12'st Zazzara). **All.** B. Di Genova. **Arbitro:** Davide Fusco di Pescara. **Assistenti:** Matteo Leli dell'Aquila e Gianmarco Di Filippo di Teramo. **Rete:** *36'st Mancini.* **Note:** ammonito Liberati (S).

Francavilla-Virtus Cupello: 4-1

Francavilla: Spacca, Barbone, Finizio, Fioriti (26'st Cerrone), Moro (39'st Moroni), Tacconelli, De Luca, Galasso, Sciarra (32'st Starnieri), Petaccia (1'st Sall), Bernabeo (37'st Tacchi). **All.** D'Ambrosio. **Virtus Cupello:** Cattenari,

Seck, Berardi (8'st Di Fabio), Falco (21'st Napolitano), De Fabritiis, Abbonizio, Giardino (30'st Bellano), Obodo, D'Ovidio (9'st Sene), Stivaletta, Troiano. **All.** Soria. **Arbitro:** Fabio Cicconi di Teramo. **Assistenti:** Felice Mazzocchetti e Francesco Di Marte di Teramo. **Reti:** *12'pt, 27'pt e 22'st Sciarra (F), 20'pt Stivaletta (V), 40'pt Bernabeo (F).* **Note:** ammonito De Fabritiis (V).

SEMIFINALI

GARA UNICA – domenica 23 aprile 2023

Real C. Guardia Vomano-MONTORIO 88	**0-1**
Fontanelle-FRANCAVILLA	**1-4**

Real C. Guardia Vomano-Montorio 88: 0-1

Real C. Guardia Vomano: D'Andrea, Spinosi (14'st Di Niso), Nardi (37'st Selmanaj), Di Bonaventura, Di Giovanni, Forcellese (44'st Arrighetti), Petrucci, Di Giacinto, Gardini, Cascioli (28'st Trento), Bala (26'st Santone). **All.** Evangelisti. **Montorio 88:** Rapagnani, Maselli (39'st Pierannunzi), Monaco, Di Sante, Gridelli, Ndoye, Mosca, Fall, Ridolfi (14'st Fulvi), Chiacchiarelli, Leonzi (37'st Salvi). **All.** E. De Amicis. **Arbitro:** Niko Pellegrino di Teramo. **Assistenti:** Antonello Pietrangeli e Pierfrancesco Di Giannantonio di Sulmona. **Rete:** *25'pt Ridolfi.* **Note:** ammoniti Chiacchiarelli (M), Fall (M), Petrucci (R), Ndoye (M).

Fontanelle-Francavilla: 1-4

Fontanelle: Camaioni, Arveda (26'st De Remigis), Spahiu, Foglia (36'st Sulaj), De Luca, Marcozzi, Maranella (1'st Perini), Capretta, M. Bizzarri, E. Bontà, M. Bontà (20'st Calvarese). **All.** G. Bizzarri. **Francavilla:** Sablone, Barbone, Finizio, Tacchi (24'st Starnieri), Moro, Tacconelli, De Luca (36'st Sall), Galasso (44'st Cerrone), Sciarra, Schiedi (41'st Fioriti), Bernabeo (36'st Masciangelo). **All.** D'Ambrosio. **Arbitro:** Antonio Diella di Vasto. **Assistenti:** Ottavio Colanzi e Francesco Mascitelli di Lanciano. **Reti:** *22'pt Schiedi (Fr), 10'st Finizio (Fr), 26'st Bernabeo (Fr), 46'st Masciangelo (Fr), 51'st Capretta (Fo).* **Note:** ammoniti Finizio (F), Capretta (F), Moro (F), E. Bontà (F).

N.B. In maiuscolo le squadre qualificate

FINALE
mercoledì 10 maggio – Città Sant'Angelo (Pe), stadio "L. Petruzzi"

Francavilla-Montorio 88: 2-5 (ai rigori)

Francavilla: Spacca, Barbone, Schiedi, Masciangelo (32'st Fioriti), Moro, Tacconelli, De Luca (45'st Petaccia), Galasso, Sciarra, Sall (32'st Tacchi), Bernabeo. **All.** D'Ambrosio. **Montorio 88:** Angelozzi, Pierannunzii, Monaco (10'st D'Ignazio), Urbani, Gridelli (10'st Giovannone), Marini, Mosca, Fall, Fulvi (14'st Chiacchiarelli), Leonzi (1'st Ridolfi), Di Francesco (19'st Massacci). **All.** E. De Amicis. **Arbitro:** Ferdinando Carluccio dell'Aquila. **Assistenti:** Antonio Bruno e Federico Cocco di Lanciano. **Reti:** *25'pt Bernabeo (F), 37'pt Fall (M).* **Sequenza rigori:** Ridolfi (M) gol, Sciarra (F) alto, Massacci (M) gol, Galasso (F) parato, Chiacchiarelli (M) gol, Tacconelli (F) gol, Giovannone (M) gol. **Note:** ammoniti Fulvi (M), Gridelli (M), Schiedi (F), Tacchi (F).

Nella pagina accanto e sopra, i festeggiamenti in casa giallonera e alcuni momenti della premiazione con la consegna della Coppa Italia

CLASSIFICA MARCATORI
COPPA ITALIA

10 reti: A. Bernabeo (Francavilla)
7 reti: C. Stivaletta (Virtus Cupello, 2 rigori)
6 reti: N. Gardini (Real C. Guardia Vomano, un rigore)
5 reti: G. Catalli (San Benedetto Venere, 2 rigori), I. Anaya Ruiz (San Gregorio), D. De Angelis (Turris Calcio Val Pescara)
4 reti: W. Ridolfi (Montorio 88), A. Ettorre (San Benedetto Venere), E. Bontà (Fontanelle)
3 reti: S. Fulvi (Montorio 88), R. Theodoro De Almeida (Pucetta), A. Traoré (un rigore) e M. Cissè (Scafapassocordone), M. Rachini (Mutignano), M. Morelli (Pianella 2012, un rigore), A. Schiedi (un rigore) e D. Sciarra (Francavilla), N. Carpineta (Val di Sangro, 2 rigori)
2 reti: L. Curri (Fucense Trasaco), N. Guerra e V. Leonzi (Montorio 88), G. Tinari (Pizzoli), M. Bizzarri e E. Forcellese (Real C. Guardia Vomano), M. Mancini (San Benedetto Venere), D. Mazzaferro (San Gregorio), F. Pizzola (Scafapassocordone, un rigore), F. Africani e L. Di Blasio (Favale 1980), A. Marcozzi, M. Bizzarri e D. Maranella (Fontanelle), S. D'Anniballe (Lauretum, un rigore), D. Semenzini (Mutignano), P. Rosini (Pianella 2012, un rigore), A. Logrieco (Rosetana), G. Casati (Turris Calcio Val Pescara), F. De Vizia (un rigore) e O. Shipple (Bacigalupo Vasto Marina), F. Capuzzi (Casolana, un rigore), J. Diaz Verde (Nicola Galante Casalbordino), M. Rossetti (Val di Sangro), A. Criscolo e A. Nardone (Villa 2015)
una rete: F. Vasi e T. Galeota (Amiternina), M. Libonatti e C. Paneccasio (Celano), M. Bisegna, W. Angelucci e M. Cancelli (Fucense Trasaco), N. Novello, C. Ceccani e F. Carpegna (Hatria), N. Briciu (Luco Calcio), V. Fall, P. Gridelli, D. Di Sante, M. Mosca e R. D'Ignazio (Montorio 88), E. Piri, T. D'Agostino e D. Passacantando (Pizzoli), L. Carusi, N. Trento, R. Selmanaj, M. Santone e P. Di Bonaventura (Real C. Guardia Vomano), A. Tarquini, M. Del Vecchio e L. Di Genova (San Benedetto Venere), P. Maisto e G. Rampini (San Gregorio), A. Di Fabio, F. Di Giampaolo, C. Allegro, L. Zaccagnini e G. Cesarone (Scafapassocordone), D. Panella, A. Torturo (un rigore) e N. De Luca (Tagliacozzo), J. Evangelista (Casoli 1966, un rigore), J. D'Agostino e D. Agreste (Elicese), G. Vella, F. Foglia, C. Spahiu, V. De Rosa, I. Capretta, M. Di Sante e F. Faragalli (Fontanelle), Giovanni Di Fazio (Lauretum), G. Petre (Morro d'Oro), A. Tini, R. Luly, G. Puglia (un rigore) e J. Diaz Verde (Mosciano), M. Stella, M. Addazii (un rigore) e D. Valentini (Mutignano), S. Zenobi, D. Biancucci, M. Di Antonio, L. Bizzarri, S. Manari, J. Pediconi, L. Di Stefano e N. Di Ascenzo (New Club Villa Mattoni), S. Sablone, F. D'Addazio, A. Del Greco, M. Spadafora e M. Di Domizio (Penne), A. Dottore, C. Masiello, L. Silvestri, F. Nicolini e G. Di

Girolamo (Pianella 2012), A. Picci e S. Sfredda (Rosetana), P. Rossodivita (un rigore) e G. Ragnoli (Turris Calcio Val Pescara), A. Vasiu e A. Del Bello (Atessa), F. Ruotolo, A. Minichillo e F. Larivera (Bacigalupo Vasto Marina), P. Di Biase (un rigore) e M. Di Rosa (Bucchianico), M. La Morgia e Antonio Caniglia (Casolana), E. Chiulli, S. Finizio, M. Galasso, A. Starnieri e E. Masciangelo (Francavilla), S. Rossi e M. D'Anteo (Miglianico), G. Pizzi, M. Conti, N. Margagliotti e N. Della Penna (Nicola Galante Casalbordino), F. Grassi, B. Venturini e L. Menichino (San Giovanni Teatino), G. Luongo, L. Skubin e C. Triglione (San Salvo), M. Mainella (San Vito 83), A. Pileggi, D. Ranieri, P. D'Orazio e F. Malvone (Val di Sangro), L. Florio, L. Di Nicola e A. Barbacane (Villa 2015). M. Seck, D. Sene, M. Troiano e G. Felice (Virtus Cupello)

In alto da sinistra: Antonio Bernabeo, che con dieci reti all'attivo è stato il miglior realizzatore della Coppa Italia di Promozione, Nicolò Gardini e Matteo Morelli. Qui sopra, e sempre da sinistra: Francesco Africani, Nicolò Carpineta e Mattia Rachini

COPPA "NELLO MANCINI"
sabato 29 aprile a Francavilla al Mare (Ch) – stadio "Valle Anzuca"

Celano-Nicola Galante Casalbordino: 0-2

Celano: Mastronardi, Scolari, Michetti (43' Ranieri), Kras, Villa, Tabacco, Di Gaetano (43' Macchia), Paneccasio (30' M. D'Amore), Bruni, Mercogliano, Di Giovambattista (30' Pollino). **All.** Iodice. **Nicola Galante Casalbordino:** D'Amico, Giandomenico, De Riccardis, Bonacci, Suppressa, Cardinale, Racciatti (34' Bologna), Della Penna, Pizzi (43' Fiore), Marocco, Mangiacasale. **All.** Borrelli. **Arbitro:** Davide Troiani di Pescara. **Assistenti:** Roberto Di Risio di Lanciano e Amedeo Di Nardo Di Maio di Pescara. **Reti:** *7' autorete, 42' Pizzi.* **Note:** nessun espulso; nessun ammonito.

Qui sopra, foto di gruppo per arbitri e assistenti.
A destra: la Coppa "Nello Mancini" 2022/2023,
vinta dal Città di Teramo

Città di Teramo-Celano: 0-0 (4-2 ai rigori)

Città di Teramo: Bozzi, Censori, Cozzi, Marcone, Cangemi, Speranza, D'Egidio, Ferraioli, Kovalonoks, Palumbo, Di Giacomo. **All.** Pomante. **Celano:** Santoro, Scolari (42' Lancia), Michetti, Volpe, Villa, Albertazzi, G. D'Amore, Bruni, Mercogliano (26' Di Giovambattista), Pollino (24' Di Gaetano), M.

D'Amore. **All.** Iodice. **Arbitro:** Giammarco Cianca dell'Aquila. **Assistenti:** Amedeo Di Nardo Di Maio di Pescara e Mara Mainella di Lanciano. **Sequenza rigori:** Bruni (Ce) gol, Ferraioli (Ci) gol, Albertazzi (Ce) alto, Palumbo (Ci) gol, G. D'Amore (Ce) palo, Di Giacomo (Ci) gol, Di Gaetano (Ce) gol, D'Egidio (Ci) gol. **Note:** nessun espulso; nessun ammonito.

Città di Teramo-Nicola Galante Casalbordino: 2-0

Città di Teramo: Bozzi, Censori (45' Milozzi), Furlan, Sputore, Cangemi, Pepe, D'Egidio (38' Di Stefano), Ferraioli (42' Ikramellah), Petrarulo, Farindolini, Di Giacomo (42' Andreozzi). **All.** Pomante. **Nicola Galante Casalbordino:** D'Amico, Giandomenico, De Riccardis, Bonacci, Suppressa,

Cardinale, Racciatti (20' Bologna), Della Penna, Pizzi (33' Fiore), Marocco, Mangiacasale (47' Vaccaro). **All.** Borrelli. **Arbitro:** Simone Spadaccini di Chieti. **Assistenti:** Mara Mainella e Roberto Di Risio di Lanciano. **Reti:** *36' D'Egidio, 41' Petrarulo.* **Note:** ammonito D'Amico (Ca).

NB. *Il Città di Teramo si aggiudica la Coppa "Nello Mancini"*

Nella pagina accanto, alcune fasi della terza e decisiva gara, la gioia dei vincitori e la tifoseria teramana al seguito. Qui sopra, dall'alto in basso, le tre squadre: Città di Teramo, Casalbordino e Celano, e la consegna della Coppa da parte del presidente Concezio Memmo

A.I.A. COMITATO REGIONALE ABRUZZO

sede: via Lanciano, snc – 67100 L'AQUILA
tel. 0862/200647 o 204996 o 410459   **e-mail** – abruzzo@aia-figc.it
o 406027 – **fax** 0862/64373

CONSIGLIO DIRETTIVO

presidente	Giuseppe De Santis (Avezzano)
vice presidente	Gianluca Bianco (Pescara)
componenti	Christian Bagnoli (Teramo), Domenico Capuzzi (Vasto), Manuela Di Fabbi (Sulmona), Emanuele Giustino Di Federico (Chieti), Alfredo Leonetti (Avezzano), Giuseppe Paione (Lanciano), Gliberto Gregoris (Pescara)

REFERENTI REGIONALI

referente preparazione atletica	Fabio D'Ettorre (Lanciano)
referente per l'informatica	Arturo D'Orsogna (Teramo)
fiduciario sanitario	Evanio Marchesani (Pescara)
referente rivista "L'Arbitro"	Saverio Di Vito (Avezzano)

ALTRI INCARICHI

rappresentante AIA organi di disciplina FIGC	Antonio Colella (L'Aquila)
collaboratori	Luca Moscone (L'Aquila), Luciano Spadaccini (Vasto), Aurelio Marinelli (Vasto)

A.I.A. SEZIONE AVEZZANO

sede: via Genserico Fontana, 2 – 67051 AVEZZANO (Aq)
tel. 0863/25608 – **fax** 0863/25608   **e-mail:** avezzano@aia-figc.it

CONSIGLIO DIRETTIVO

presidente	Chiara Amicucci
vice presidente	Valerio Maiolini
segretario	Simone Massariello

166

A.I.A. SEZIONE CHIETI

sede: via Benedetto Croce, 147 – 66100 CHIETI
tel. 0871/330410 – **fax** 0871/330410   **e-mail:** chieti@aia-figc.it

CONSIGLIO DIRETTIVO

presidente	Gianluca Rutolo
vice presidenti	Giulio Basile, Francesca Di Monte

A.I.A. SEZIONE LANCIANO

sede: via Brescia, 2 – 66034 LANCIANO (Ch)
tel. 0872/712210 – **fax** 0872/702465   **e-mail:** lanciano@aia-figc.it

CONSIGLIO DIRETTIVO

presidente	Igor Yury Paolucci
vice presidenti	Bruno Bellisario, Mirko Bisbano
segretario	Stefania Menicucci

A.I.A. SEZIONE L'AQUILA

sede: via XX Settembre, 1214 – 67100 L'AQUILA
tel. 0862/22090 – **fax** 0862/22090   **e-mail:** laquila@aia-figc.it

CONSIGLIO DIRETTIVO

presidente	Marco Ferrone
vice presidente	Fabio Cardarelli
segretario	Pierpaolo Carella

A.I.A. SEZIONE PESCARA

sede: via Chiarini, 49 – 65129 PESCARA
tel. 085/450001 – **fax** 085/61061   **e-mail:** pescara@aia-figc.it

CONSIGLIO DIRETTIVO

presidente	Francesco Di Censo
vice presidenti	Tarcisio Chiavaroli, Dario Di Nicola
segretario	Francesco Sferrella

A.I.A. SEZIONE SULMONA

sede: via Carrese, 13 – 67038 SULMONA (Aq)
tel. 0864/34720 – **fax** 0864/34720   **e-mail:** sulmona@aia-figc.it

CONSIGLIO DIRETTIVO

presidente	Giulio Di Bartolomeo
vice presidente	Concezio Contucci
segretario	Daniele Anzuinelli

A.I.A. SEZIONE TERAMO

sede: contrada Casalena (ex ospedale psichiatrico) – 64100 TERAMO
tel. 0861/211169 – **fax** 0861/414464   **e-mail:** teramo@aia-figc.it

CONSIGLIO DIRETTIVO

presidente	Alberto D'Alberto
vice presidenti	Donato Di Gabriele, Antonio Di Martino
segretario	Mattia Milotti

A.I.A. SEZIONE VASTO

sede: via Conti Ricci (Pala BCC) CP 268 – 66054 VASTO (Ch)
tel. 0873/367256 – **fax** 0873/367256   **e-mail:** vasto@aia-figc.it

CONSIGLIO DIRETTIVO

presidente	Mario D'Adamo
vice presidente	Davide Sallese
segretario	Manuel Giorgetti

REPORT ARBITRI

PIERPAOLO COSTANTINI di Pescara

Il pre-partita dell'arbitro pescarese e dei suoi collaboratori: il concittadino Nicola De Ortentiis e il teramano Francesco Di Marte

Ventiquattro gare dirette: Real C. Guardia Vomano-Celano (2ª giornata), Luco Calcio-Pucetta (9ª giornata), Real C. Guardia Vomano-Hatria (11ª giornata), Montorio 88-Pucetta (13ª giornata), San Benedetto Venere-Scafapassocordone (18ª giornata), San Benedetto Venere-Montorio 88 (22ª giornata), Celano-Pizzoli (24ª giornata), Città di Teramo-Mutignano (3ª giornata), Piano della Lente-Mosciano (4ª giornata), Pianella 2012-Penne (5ª giornata), Mutignano-New Club Villa Mattoni (8ª giornata), Città di Teramo-Morro d'Oro (14ª giornata), Morro d'Oro-Mosciano (17ª giornata), Rosetana-Favale 1980 (18ª giornata), Mutignano-Rosetana (27ª giornata), Francavilla-Casolana (1ª giornata), Virtus Cupello-San Salvo (7ª giornata), Sporting Altino-Bucchianico (10ª giornata), Sporting Altino-Bacigalupo Vasto Marina (17ª giornata), San Vito 83-Virtus Cupello (26ª giornata), Villa 2015-Elicese (Coppa Italia), Rosetana-Mutignano (Coppa Italia), Montorio 88-San Gregorio (Coppa Italia), Val di Sangro-Casolana (Coppa Italia)

VINCENZO DE SANTIS di Avezzano

Pallone in mano per il direttore di gara marsicano coadiuvato, per l'occasione, da Angelo Ciocca e Matteo Leli della sezione aquilana

Ventidue gare dirette: Montorio 88-Hatria (2ª giornata), Pizzoli-Real C. Guardia Vomano (3ª giornata), Tagliacozzo-Fucense Trasacco (7ª giornata), Pizzoli-Montorio 88 (12ª giornata), Montorio 88-Scafapassocordone (14ª giornata), San Gregorio-Montorio 88 (24ª giornata), Hatria-Tornimparte 2002 (22ª giornata), Città di Teramo-Elicese (5ª giornata), Mutignano-Mosciano (6ª giornata), Turris Calcio Val Pescara-Fontanelle (9ª giornata), Morro d'Oro-Favale 1980 (11ª giornata), Fontanelle-Piano della Lente (14ª giornata), Fontanelle-Rosetana (19ª giornata), Pianella 2012-Elicese (21ª giornata), Casoli 1966-Pianella 2012 (24ª giornata), Città di Teramo-Mosciano (30ª giornata), Bucchianico-Bacigalupo Vasto Marina (11ª giornata), San Giovanni Teatino-San Vito 83 (20ª giornata), Tagliacozzo-San Benedetto Venere (Coppa Italia), San Gregorio-Tornimparte 2002 (Coppa Italia), Scafapassocordone-Hatria (Coppa Italia), Francavilla-Val di Sangro (Coppa Italia)

NICOLA SARACENI di Vasto

Venti gare dirette: Celano-San Benedetto Venere (3ª giornata), Pucetta-Tagliacozzo (4ª giornata), Tornimparte 2002-Real C. Guardia Vomano (5ª giornata), Fucense Trasacco-Montorio 88 (6ª giornata), Celano-Amiternina

(7ª giornata), San Gregorio-Luco Calcio (8ª giornata), Pucetta-Real C. Guardia Vomano (10ª giornata), Tagliacozzo-Tornimparte 2002 (12ª giornata), Pucetta-Hatria (14ª giornata), Pizzoli-Luco Calcio (15ª giornata), Celano-San Gregorio (17ª giornata), Real C. Guardia Vomano-Tornimparte 2002 (18ª giornata), Tagliacozzo-Amiternina (19ª giornata), Luco Calcio-Hatria (23ª giornata), Casoli 1966-Piano della Lente (12ª giornata), Piano della Lente-Penne (23ª giornata), New Club Villa Mattoni-Elicese (24ª giornata), Villa 2015-San Vito 83 (2ª giornata), Mosciano-New Club Villa Mattoni (Coppa Italia), Pizzoli-Amiternina (Coppa Italia)

SIMONE SPADACCINI di Chieti

Il "fischietto" teatino affiancato da Giorgia Orecchioni di Lanciano e da Antonella La Torre, altra appartenente alla sezione di Chieti

Diciannove gare dirette: Amiternina-Hatria (3ª giornata), San Benedetto Venere-Pizzoli (4ª giornata), Real C. Guardia Vomano-Luco Calcio (6ª giornata), Celano-Montorio 88 (10ª giornata), Hatria-San Benedetto Venere (12ª giornata), Luco Calcio-Montorio 88 (18ª giornata), Real C. Guardia Vomano-Montorio 88 (20ª giornata), Tagliacozzo-Celano (22ª giornata), Mutignano-Turris Calcio Val Pescara (2ª giornata), Casoli 1966-Città di Teramo (8ª giornata), Piano della Lente-Città di Teramo (16ª giornata), Mosciano-Favale 1980 (27ª giornata), Lauretum-Mutignano (28ª giornata), San Salvo-Atessa (8ª giornata), Sporting Altino-Nicola Galante Casalbordino (15ª giornata), Bacigalupo Vasto Marina-Miglianico (16ª giornata), Virtus Cupello-Sporting Altino (25ª giornata), Virtus Cupello-Montorio 88 (play off regionali), Sporting Altino-Casolana (Coppa Italia)

171

ALESSANDRO PISCOPIELLO di Chieti

L'uscita dagli spogliatoi del direttore di gara teatino,
con accanto alcuni adolescenti e i suoi due assistenti:
Diego Carnevale di Avezzano e Alessio Aloisi dell'Aquila

Diciannove gare dirette: Tagliacozzo-San Gregorio (3ª giornata), Hatria-Celano (6ª giornata), Pucetta-Tornimparte 2002 (8ª giornata), Pizzoli-Fucense Trasacco (9ª giornata), Montorio 88-Amiternina (17ª giornata), Luco Calcio-Real C. Guardia Vomano (18ª giornata), Tornimparte 2002-Pucetta (21ª giornata), Fucense Trasacco-Pizzoli (22ª giornata), Tagliacozzo-Scafapassocordone (24ª giornata), Morro d'Oro-Mutignano (5ª giornata), Mosciano-Penne (6ª giornata), Elicese-Penne (12ª giornata), Turris Calcio Val Pescara-Città di Teramo (26ª giornata), Casolana-San Vito 83 (4ª giornata), San Salvo-Nicola Galante Casalbordino (10ª giornata), Atessa-Bucchianico (16ª giornata), San Salvo-Sporting Altino (18ª giornata), Virtus Cupello-Francavilla (Coppa Italia), Pianella 2012-Real C. Guardia Vomano (Coppa Italia)

MATTEO SACRIPANTE di Teramo

L'arbitro Sacripante con accanto il collega della sezione teramana Filippo Cerasi e Jacopo Caled Yaish di Lanciano

Diciannove gare dirette: Luco Calcio-Tornimparte 2002 (4ª giornata), Tagliacozzo-Pizzoli (10ª giornata), San Benedetto Venere-Pucetta (11ª giornata), Celano-Scafapassocordone (12ª giornata), Amiternina-Pucetta (15ª giornata), Fucense Trasacco-Tornimparte 2002 (24ª giornata), Casoli 1966-Fontanelle (6ª giornata), New Club Villa Mattoni-Turris Calcio Val Pescara (16ª giornata), Turris Calcio Val Pescara-Lauretum (21ª giornata), Miglianico-Nicola Galante Casalbordino (1ª giornata), Bucchianico-Atessa (3ª giornata), Casolana-Nicola Galante Casalbordino (8ª giornata), San Vito 83-Francavilla (9ª giornata), Bacigalupo Vasto Marina-Val di Sangro (14ª giornata), Miglianico-San Salvo (17ª giornata), Bacigalupo Vasto Marina-Atessa (20ª giornata), Virtus Cupello-Francavilla (23ª giornata), Morro d'Oro-Hatria (Coppa Italia), Piano della Lente-Real C. Guardia Vomano (Coppa Italia)

NICOLA DE IULIIS di Lanciano

Il direttore di gara lancianese (al centro) affiancato dai suoi due assistenti: Matteo Corradi e Gjuliano Dodani, entrambi appartenenti alla sezione di Avezzano

Diciannove gare dirette: Luco Calcio-Amiternina (11ª giornata), Hatria-Pizzoli (20ª giornata), Lauretum-Rosetana (1ª giornata), Turris Calcio Val Pescara-New Club Villa Mattoni (1ª giornata), Lauretum-Favale 1980 (4ª giornata), Mutignano-Elicese (11ª giornata), Elicese-Lauretum (15ª giornata), Mosciano-Pianella 2012 (16ª giornata), Mutignano-Penne (25ª giornata), Mosciano-Turris Calcio Val Pescara (29ª giornata), Miglianico-Bacigalupo Vasto Marina (3ª giornata), Casolana-Atessa (6ª giornata), Villa 2015-San Salvo (9ª giornata), San Salvo-Francavilla (16ª giornata), San Giovanni Teatino-Miglianico (18ª giornata), Francavilla-Atessa (24ª giornata), Pianella 2012-Lauretum (Coppa Italia), Fontanelle-Casoli 1966 (Coppa Italia), New Club Villa Mattoni-Mutignano (Coppa Italia)

GABRIEL RAGONA di Vasto

Un primo piano della terna col direttore di gara vastese affiancato dalla concittadina Benedetta Bologna e da Davide Donatelli, appartenente invece alla sezione di Pescara

Diciannove gare dirette: Montorio 88-Fucense Trasacco (19ª giornata), Pucetta-Scafapassocordone (20ª giornata), Mosciano-Morro d'Oro (2ª giornata), Turris Calcio Val Pescara-Penne (3ª giornata), Elicese-Pianella 2012 (6ª giornata), Penne-Mutignano (10ª giornata), Mutignano-Favale 1980 (15ª giornata), Piano della Lente-Morro d'Oro (18ª giornata), New Club Villa

174

Mattoni-Lauretum (27ª giornata), Elicese-Rosetana (29ª giornata), San Vito 83-Atessa (1ª giornata), Val di Sangro-Bucchianico (4ª giornata), San Vito 83-San Giovanni Teatino (7ª giornata), San Vito 83-Sporting Altino (11ª giornata), Miglianico-Atessa (12ª giornata), Casolana-Sporting Altino (16ª giornata), Val di Sangro-Francavilla (18ª giornata), Casolana-Sporting Altino (Coppa Italia), Francavilla-San Giovanni Teatino (Coppa Italia)

GIOVANNI BOGNANI di Lanciano

Fischietto in bocca per il direttore di gara della sezione di Lanciano

Diciannove gare dirette: Fontanelle-Elicese (3ª giornata), Casoli 1966-Morro d'Oro (10ª giornata), Turris Calcio Val Pescara-Pianella 2012 (12ª giornata), Piano della Lente-Favale 1980 (13ª giornata), Penne-Favale 1980 (16ª giornata), Lauretum-Casoli 1966 (17ª giornata), Elicese-Morro d'Oro (22ª giornata), Mosciano-Lauretum (24ª giornata), Morro d'Oro-Fontanelle (27ª giornata), Turris Calcio Val Pescara-Piano della Lente (30ª giornata), Bacigalupo Vasto Marina-Sporting Altino (4ª giornata), Atessa-Nicola Galante Casalbordino (5ª giornata), Val di Sangro-Miglianico (6ª giornata), Francavilla-Sporting Altino (8ª giornata), Bacigalupo Vasto Marina-San Giovanni Teatino (13ª giornata), Virtus Cupello-Atessa (15ª giornata), Bucchianico-Val di Sangro (17ª giornata), Bacigalupo Vasto Marina-San Salvo (Coppa Italia), Nicola Galante Casalbordino-Bacigalupo Vasto Marina (Coppa Italia)

LORENZO GIULIANI di Pescara

Il saluto con i due capitani del pescarese Giuliani: accanto a lui le assistenti Diana Di Meo (Pescara) e Benedetta Bologna (Vasto)

Diciotto gare dirette: Hatria-Pucetta (1ª giornata), Fucense Trasacco-San Gregorio (15ª giornata), Scafapassocordone-Real C. Guardia Vomano (17ª giornata), Piano della Lente-Lauretum (11ª giornata), Rosetana-Mutignano (12ª giornata), Mutignano-Piano della Lente (21ª giornata), Piano della Lente-Casoli 1966 (27ª giornata), Atessa-Virtus Cupello (2ª giornata), Sporting Altino-Casolana (3ª giornata), San Vito 83-Bucchianico (12ª giornata), Casolana-Val di Sangro (13ª giornata), San Salvo-San Giovanni Teatino (14ª giornata), Val di Sangro-Sporting Altino (20ª giornata), Virtus Cupello-San Giovanni Teatino (21ª giornata), Casolana-San Giovanni Teatino (25ª giornata), Mutignano-Rosetana (Coppa Italia), Scafapassocordone-Bucchianico (Coppa Italia), Hatria-Real C. Guardia Vomano (Coppa Italia)

MICHELE CIANNARELLA di Pescara

Il "fischietto" pescarese entra in campo assieme ai suoi collaboratori: Davide D'Adamo Di Vasto e Davide Donatelli, anche lui di Pescara

Diciotto gare dirette: San Benedetto Venere-Tagliacozzo (2ª giornata), Scafapassocordone-Luco Calcio (3ª giornata), Hatria-Fucense Trasacco (4ª giornata), Pizzoli-Celano (11ª giornata), Luco Calcio-Celano (14ª giornata), hatria-Montorio 88 (15ª giornata), Fontanelle-Favale 1980 (7ª giornata), Mosciano-Casoli 1966 (11ª giornata), Favale 1980-Mutignano (30ª giornata), Val di Sangro-Bacigalupo Vasto Marina (1ª giornata), San Giovanni Teatino-Sporting Altino (6ª giornata), Miglianico-Bucchianico (8ª giornata), Sporting Altino-Virtus Cupello (12ª giornata), Bucchianico-San Salvo (13ª giornata), Bacigalupo Vasto Marina-San Vito 83 (18ª giornata), Bacigalupo Vasto Marina-Bucchianico (24ª giornata), Val di Sangro-San Vito 83 (Coppa Italia), Hatria-Morro d'Oro (Coppa Italia)

ASIA ARMAROLI di Teramo

L'ingresso in campo della Armaroli, affiancata dagli assistenti Niko Ricci di Chieti e Diana Di Meo di Pescara

Diciassette gare dirette: San Gregorio-Fucense Trasacco (2ª giornata), Fucense Trasacco-Amiternina (5ª giornata), Amiternina-Pizzoli (8ª giornata), Pucetta-San Gregorio (12ª giornata), Tornimparte 2002-Celano (13ª giornata), San Gregorio-Amiternina (14ª giornata), Amiternina-Celano (20ª giornata), Penne-Elicese (27ª giornata), San Giovanni Teatino-Francavilla (4ª giornata), Villa 2015-Casolana (7ª giornata), Atessa-San Giovanni Teatino (9ª giornata), Miglianico-San Vito 83 (10ª giornata), Val di Sangro-San Salvo (15ª giornata), San Vito 83-Casolana (17ª giornata), Miglianico-Val di Sangro (19ª giornata), Francavilla-San Vito 83 (22ª giornata), Casolana-Francavilla (Coppa Italia)

STANISLAV UNGUREANU di Lanciano

Diciassette gare dirette: Amiternina-San Gregorio (1ª giornata), Luco Calcio-Pizzoli (2ª giornata), Tagliacozzo-Hatria (5ª giornata), San Benedetto Venere-Tornimparte 2002 (6ª giornata), Montorio 88-Real C. Guardia Vomano (7ª giornata), Real C. Guardia Vomano-Pizzoli (16ª giornata), Scafapassocordone-Hatria (21ª giornata), Tagliacozzo-Luco Calcio (26ª giornata), Morro d'Oro-Piano della Lente (3ª giornata), Mutignano-Pianella 2012 (4ª giornata), Piano della Lente-Elicese (9ª giornata), New Club Villa Mattoni-Rosetana (11ª giornata), Favale 1980-Elicese (17ª giornata), Piano della Lente-New Club Villa Mattoni (21ª giornata), Mosciano-Elicese (23ª giornata, Città di Teramo-Pianella 2012 (28ª giornata), San Giovanni Teatino-Casolana (12ª giornata)

FRANCESCO COLANZI di Lanciano

Diciassette gare dirette: San Benedetto Venere-Real C. Guardia Vomano (8ª giornata), Tornimparte 2002-Fucense Trasacco (11ª giornata), Scafapassocordone-San Gregorio (19ª giornata), Hatria-San Gregorio (26ª giornata), Favale 1980-Penne (1ª giornata), Elicese-Turris Calcio Val Pescara (4ª giornata), Penne-Piano della Lente (8ª giornata), Favale 1980-Pianella 2012 (10ª giornata), Lauretum-Fontanelle (20ª giornata), Fontanelle-Turris Calcio Val Pescara (24ª giornata), San Salvo-Val di Sangro (2ª giornata), Virtus Cupello-Villa 2015 (3ª giornata), San Vito 83-Bacigalupo Vasto Marina (5ª giornata), Miglianico-Francavilla (7ª giornata), San Salvo-Bacigalupo Vasto Marina (12ª giornata, San Salvo-Villa 2015 (22ª giornata), Atessa-Val di Sangro (23ª giornata)

GIANLUCA FANTOZZI di Avezzano

Il marsicano Fantozzi affiancato, a centrocampo, dagli assistenti Guido Alonzi di Avezzano e Mohamed Rasoul Abdulzhara (L'Aquila

Diciassette gare dirette: Fucense Trasacco-Pucetta (3ª giornata), Pizzoli-Amiternina (20ª giornata), San Gregorio-Real C. Guardia Vomano (22ª giornata), Penne-Città di Teramo (4ª giornata), Lauretum-Turris Calcio Val Pescara (6ª giornata), Mosciano-Rosetana (9ª giornata), Piano della Lente-Turris Calcio Val Pescara (15ª giornata), Fontanelle-Penne (17ª giornata), Mutignano-Città di Teramo (18ª giornata), Favale 1980-Lauretum (19ª giornata), Rosetana-Pianella 2012 (22ª giornata), Atessa-Bacigalupo Vasto Marina (7ª giornata), Francavilla-Virtus Cupello (10ª giornata), Casolana-Villa 2015 (20ª giornata), Miglianico-Virtus Cupello (24ª giornata), Francavilla-Nicola Galante Casalbordino (26ª giornata), Celano-Fucense Trasacco (Coppa Italia)

SAVERIO DI VITO di Avezzano

Sedici gare dirette: Pizzoli-Tornimparte 2002 (1ª giornata), Real C. Guardia Vomano-Scafapassocordone (4ª giornata), San Gregorio-Scafapassocordone (6ª giornata), Pizzoli-Hatria (7ª giornata), San Gregorio-Tornimparte 2002 (20ª giornata), Fontanelle-Lauretum (5ª giornata), Elicese-New Club Villa Mattoni (10ª giornata), Favale 1980-Mosciano (12ª giornata), New Club Villa Mattoni-Mosciano (20ª giornata), Morro d'Oro-Città di Teramo (29ª

Il direttore di gara marsicano con accanto i due assistenti: Francesco Pizzuto di Vasto e Francesco Giuseppe Saltarella di Lanciano

giornata), Casolana-Miglianico (2ª giornata), San Vito 83-Villa 2015 (15ª giornata), Nicola Galante Casalbordino-Casolana (21ª giornata), Sporting Altino-Atessa (26ª giornata), San Benedetto Venere-Pucetta (Coppa Italia), Pianella 2012-Villa 2015 (Coppa Italia)

AUGUSTO DI GIROLAMO di Teramo

Sedici gare dirette: Pucetta-Amiternina (2ª giornata), Amiternina-Tagliacozzo (6ª giornata), Tornimparte 2002-San Gregorio (7ª giornata), Tornimparte 2002-Luco Calcio (17ª giornata), Pizzoli-Tagliacozzo (23ª giornata), San Gregorio-Pucetta (25ª giornata), Favale 1980-Rosetana (3ª giornata), Pianella 2012-Fontanelle (11ª giornata), Lauretum-Penne (14ª giornata), Nicola Galante Casalbordino-Bacigalupo Vasto Marina (9ª giornata), Virtus Cupello-Miglianico (11ª giornata), San Giovanni Teatino-Bucchianico (15ª giornata), San Vito 83-San Salvo (19ª giornata), San Vito 83-Val di Sangro (21ª giornata), Real C. Guardia Vomano-Piano della Lente (Coppa Italia), New Club Villa Mattoni-Mosciano (Coppa Italia)

CRISTIAN DI RENZO di Avezzano

Sedici gare dirette: Tornimparte 2002-Scafapassocordone (2ª giornata), Celano-Pucetta (5ª giornata), Amiternina-Tornimparte 2002 (10ª giornata), Scafapassocordone-Tornimparte 2002 (15ª giornata), Pianella 2012-New Club Villa Mattoni (3ª giornata), Piano della Lente-Mutignano (7ª giornata), Elicese-Mosciano (8ª giornata), Lauretum-New Club Villa Mattoni (12ª giornata), Casoli 1966-Turris Calcio Val Pescara (22ª giornata), Città di Teramo-Fontanelle (25ª giornata), Turris Calcio Val Pescara-Morro d'Oro (28ª giornata), San Giovanni Teatino-Val di Sangro (16ª giornata), Pucetta-Luco Calcio (Coppa Italia), Fucense Trasacco-Celano (Coppa Italia), Pizzoli-Montorio 88 (Coppa Italia), Turris Calcio Val Pescara-Pianella 2012 (Coppa Italia)

DAVIDE TROIANI di Pescara

L'arbitro pescarese ad inizio gara con accanto i due assistenti di Lanciano: Francesco Giuseppe Saltarella e Roberto Di Risio

Sedici gare dirette: Celano-Tagliacozzo (9ª giornata), Tornimparte 2002-Pizzoli (13ª giornata), Pucetta-Fucense Trasacco (16ª giornata), Celano-Hatria (18ª giornata), Mosciano-Mutignano (21ª giornata), Morro d'Oro-Rosetana (23ª giornata), Favale 1980-Morro d'Oro (24ª giornata), Francavilla-Bucchianico (6ª giornata), Bacigalupo Vasto Marina-Casolana (10ª giornata), Val di Sangro-Nicola Galante Casalbordino (12ª giornata), Virtus Cupello-San Vito 83 (13ª giornata), Val di Sangro-Virtus Cupello (22ª giornata), San Vito 83-Miglianico (23ª giornata), Val di Sangro-Villa 2015 (24ª giornata), Fontanelle-New Club Villa Mattoni (Coppa Italia), Montorio 88-New Club Villa Mattoni (Coppa Italia)

GIAMMARCO CIANCA dell'Aquila

Sedici gare dirette: Scafapassocordone-Tagliacozzo (11ª giornata), Real C. Guardia Vomano-Fucense Trasacco (13ª giornata), Celano-Real C. Guardia Vomano (15ª giornata), Luco Calcio-Scafapassocordone (16ª giornata), Fucense Trasacco-Hatria (17ª giornata), Pucetta-Luco Calcio (22ª giornata), Scafapassocordone-Fucense Trasacco (23ª giornata), Mosciano-Fontanelle (13ª

giornata), Favale 1980-New Club Villa Mattoni (14ª giornata), Rosetana-

Lauretum (16ª giornata), Città di Teramo-Rosetana (21ª giornata), Lauretum-Piano della Lente (26ª giornata), Rosetana-Penne (28ª giornata), Fontanelle-New Club Villa Mattoni (30ª giornata), Fucense Trasacco-San Benedetto Venere (Coppa Italia), Real C. Guardia Vomano-Pianella 2012 (Coppa Italia)

FEDERICO DI CARO di Chieti

Il direttore di gara teatino Di Caro con gli assistenti Davide Donatelli e Diana Di Meo, entrambi di Pescara

Sedici gare dirette: Real C. Guardia Vomano-Amiternina (25ª giornata), Pucetta-Montorio 88 (26ª giornata), Casoli 1966-Elicese (1ª giornata), Mosciano-New Club Villa Mattoni (5ª giornata), Morro d'Oro-Elicese (7ª giornata), New Club Villa Mattoni-Penne (9ª giornata), Turris Calcio Val Pescara-Mosciano (14ª giornata), Rosetana-Turris Calcio Val Pescara (20ª giornata), Penne-New Club Villa Mattoni (24ª giornata), New Club Villa Mattoni-Piano della Lente (play out), Miglianico-San Giovanni Teatino (5ª giornata), Virtus Cupello-Bacigalupo Vasto Marina (19ª giornata), Montorio 88-Penne (play off regionali), Virtus Cupello-Atessa (Coppa Italia), Miglianico-Nicola Galante Casalbordino (Coppa Italia), Bacigalupo Vasto Marina-Virtus Cupello (Coppa Italia)

PIETRO SIVILLI di Chieti

Ai lati dell'arbitro della sezione teatina, i due assistenti: Pierfrancesco Di Giannantonio di Sulmona e Federico Amelii di Teramo

Quindici gare dirette: Montorio 88-Tornimparte 2002 (3ª giornata), Montorio 88-San Benedetto Venere (9ª giornata), Fucense Trasacco-Scafapassocordone (10ª giornata), San Benedetto Venere-Amiternina (13ª giornata), Pizzoli-San Benedetto Venere (17ª giornata), Luco Calcio-Fucense Trasacco (25ª giornata), Montorio 88-San Gregorio (play off), Città di Teramo-Piano della Lente (1ª giornata), Pianella 2012-Mosciano (1ª giornata), Pianella 2012-Città di Teramo (13ª giornata), Favale 1980-Città di Teramo (24ª giornata), Fontanelle-Pianella 2012 (26ª giornata), Penne-Mutignano (play off), Nicola Galante Casalbordino-Virtus Cupello (4ª giornata), Val di Sangro-San Vito 83 (8ª giornata)

FRANCESCO DI ROCCO di Pescara

Quindici gare dirette: Scafapassocordone-San Benedetto Venere (5ª giornata), Tornimparte 2002-Montorio 88 (16ª giornata), Pucetta-Celano (18ª giornata), San Benedetto Venere-Luco Calcio (20ª giornata), Pucetta-San Benedetto Venere (24ª giornata), Tornimparte 2002-Luco Calcio (play out), Rosetana-Fontanelle (4ª giornata), Città di Teramo-Lauretum (7ª giornata), Rosetana-Morro d'Oro (8ª giornata), Mosciano-Città di Teramo (15ª giornata), Sporting Altino-Villa 2015 (1ª giornata), Bacigalupo Vasto Marina-Villa 2015 (8ª giornata), Francavilla-Villa 2015 (12ª giornata), Nicola Galante Casalbordino-San Salvo (23ª giornata), Virtus Cupello-Nicola Galante Casalbordino (Coppa Italia)

FERDINANDO CARLUCCIO dell'Aquila

L'aquilano Carluccio, assistito per l'occasione da Antonio Bruno e Niko Ricci, rispettivamente delle sezioni di Lanciano e Chieti

Quindici gare dirette: Fucense Trasacco-Celano (8ª giornata), Montorio 88-Celano 23ª giornata), Fucense Trasacco-Real C. Guardia Vomano (26ª giornata), New Club Villa Mattoni-Città di Teramo (2ª giornata), New Club Villa Mattoni-Piano della Lente (6ª giornata), Morro d'Oro-Turris Calcio Val Pescara (13ª giornata), Morro d'Oro-Pianella 2012 (15ª giornata), Turris Calcio Val Pescara-Favale 1980 (23ª giornata), Turris Calcio Val Pescara-Mutignano (play off), Bucchianico-Casolana (9ª giornata), Virtus Cupello-Nicola Galante Casalbordino (17ª giornata), Penne-Virtus Cupello (play off regionali), Tornimparte 2002-San Gregorio (Coppa Italia), San Benedetto Venere-Fontanelle (Coppa Italia), Francavilla-Montorio 88 (finale Coppa Italia)

MATTEO LANCONELLI di Avezzano

Quindici gare dirette: Hatria-Scafapassocordone (8ª giornata), Amiternina-Real C. Guardia Vomano (12ª giornata), San Gregorio-Hatria (13ª giornata), Piano della Lente-Pianella 2012 (2ª giornata), New Club Villa Mattoni-Morro d'Oro (4ª giornata), Favale 1980-Casoli 1966 (5ª giornata), Pianella

185

2012-Rosetana (7ᵃ giornata), Casoli 1966-Rosetana (17ᵃ giornata), Penne-Mosciano (22ᵃ giornata), Sporting Altino-Miglianico (9ᵃ giornata), Villa 2015-Val di Sangro (11ᵃ giornata), Atessa-Villa 2015 (17ᵃ giornata), Bucchianico-Miglianico (21ᵃ giornata), Atessa-Miglianico (25ᵃ giornata), Luco Calcio-Pucetta (Coppa Italia)

NICOLÒ TORRICELLA di Vasto

La terna composta dall'arbitro vastese e, ai lati dei capitani di Fontanelle e Morro d'Oro, i due assistenti: Andrea Marrollo, anch'egli della sezione di Vasto, e Bryan Perfetto, di quella di Pescara

Quindici gare dirette: Hatria-Luco Calcio (10ᵃ giornata), Elicese-Favale 1980 (2ᵃ giornata), Penne-Morro d'Oro (6ᵃ giornata), Pianella 2012-Casoli 1966 (9ᵃ giornata), Fontanelle-Morro d'Oro (12ᵃ giornata), Penne-Rosetana (13ᵃ giornata), Pianella 2012-Turris Calcio Val Pescara (17ᵃ giornata), Elicese-Fontanelle (18ᵃ giornata), Morro d'Oro-New Club Villa Mattoni (19ᵃ giornata), Virtus Cupello-Bucchianico (1ᵃ giornata), San Salvo-Miglianico (4ᵃ giornata), Atessa-Sporting Altino (13ᵃ giornata), Bucchianico-Francavilla (19ᵃ giornata), Miglianico-Villa 2015 (26ᵃ giornata), Turris Calcio Val Pescara-Penne (Coppa Italia)

ELENA BOMBA di Lanciano

Quattordici gare dirette:

Scafapassocordone-Montorio 88 (1ª giornata), Tagliacozzo-Montorio 88 (8ª giornata), Penne-Fontanelle (2ª giornata), Turris Calcio Val Pescara-Casoli 1966 (7ª giornata), Lauretum-Mosciano (10ª giornata), Casoli 1966-Mutignano (14ª giornata), Morro d'Oro-Penne (21ª giornata), Lauretum-Morro d'Oro (23ª giornata), San Vito 83-Nicola Galante Casalbordino (3ª giornata), Bucchianico-Villa 2015 (5ª giornata), Nicola Galante Casalbordino-San Giovanni Teatino (11ª giornata), Nicola Galante Casalbordino-Miglianico (14ª giornata), Villa 2015-Francavilla (25ª giornata), Lauretum-Pianella 2012 (Coppa Italia)

NIKO PELLEGRINO di Teramo

A completare la terna
di Pellegrino,
gli assistenti Niko Ricci
della sezione di Chieti e
Alberto Colonna
della sezione di Vasto

Quattordici gare dirette: Celano-Luco Calcio (1ª giornata), Luco Calcio-San Benedetto Venere (7ª giornata), Fucense Trasacco-Luco Calcio (12ª giornata), San Benedetto Venere-Fucense Trasacco (14ª giornata), Celano-Fucense Trasacco (21ª giornata), Amiternina-San Benedetto Venere (26ª giornata), Tornimparte 2002-Scafapassocordone (play out), Rosetana-New Club Villa Mattoni (26ª giornata), Penne-Lauretum (29ª giornata), Nicola Galante Casalbordino-Villa 2015 (6ª giornata), Francavilla-Bacigalupo Vasto Marina (15ª giornata), Villa 2015-Nicola Galante Casalbordino (19ª giornata), Favale 1980-Montorio 88 (Coppa Italia), Real C. Guardia Vomano-Montorio 88 (Coppa Italia)

DOMENICO PACE dell'Aquila

Quattordici gare dirette: Tagliacozzo-Real C. Guardia Vomano (1ª giornata), Montorio 88-Luco Calcio (5ª giornata), Scafapassocordone-Pucetta (7ª giornata), Tagliacozzo-Pucetta (17ª giornata), Montorio 88-Tagliacozzo (21ª giornata), Real C. Guardia Vomano-Pucetta (23ª giornata), Morro d'Oro-Lauretum (9ª giornata), Rosetana-Elicese (14ª giornata), New Club Villa Mattoni-Pianella 2012 (18ª giornata), Favale 1980-Fontanelle (22ª giornata), Piano della Lente-Fontanelle (29ª giornata), Villa 2015-Sporting Altino (14ª giornata), Amiternina-Pizzoli (Coppa Italia), Real C. Guardia Vomano-Scafapassocordone (Coppa Italia)

FRANCESCO BATTISTINI di Lanciano

**L'arbitro frentano coadiuvato dagli assistenti
Francesco Mascitelli di Lanciano e Matteo Nunziata di Sulmona**

Dodici gare dirette: Scafapassocordone-Celano (25ª giornata), San Benedetto Venere-Montorio 88 (play off), Favale 1980-Turris Calcio Val Pescara (8ª giornata), Fontanelle-Città di Teramo (10ª giornata), Città di Teramo-New Club Villa Mattoni (17ª giornata), Penne-Turris Calcio Val Pescara (18ª giornata), Nicola Galante Casalbordino-Sporting Altino (2ª giornata), Bacigalupo Vasto Marina-Virtus Cupello (6ª giornata), Nicola Galante Casalbordino-Francavilla (13ª giornata), Villa 2015-Virtus Cupello (16ª giornata), Tornimparte 2002-San Giovanni Teatino (play out regionali), San Salvo-Bacigalupo Vasto Marina (Coppa Italia)

MATTIA BUZZELLI di Avezzano

Dodici gare dirette: Amiternina-Montorio 88 (4ª giornata), Montorio 88-San Gregorio (11ª giornata), Tornimparte 2002-Amiternina (23ª giornata), Pizzoli-Scafapassocordone (26ª giornata), Turris Calcio Val Pescara-Elicese (19ª giornata), Lauretum-Città di Teramo (22ª giornata), Francavilla-San Salvo (3ª giornata), Casolana-Virtus Cupello (18ª giornata), Villa 2015-Bacigalupo Vasto Marina (21ª giornata), San Giovanni Teatino-Nicola Galante Casalbordino (24ª giornata), San Giovanni Teatino-Piano della Lente (play out regionali), San Benedetto Venere-Tagliacozzo (Coppa Italia)

MICHELE RAIOLA di Teramo

Il "fischietto" teramano immortalato durante la fase di riscaldamento, assieme ai suoi assistenti aquilani: Pavel Babicenco e Alessio Aloisi

Dodici gare dirette: Scafapassocordone-Amiternina (9ª giornata), Amiternina-Scafapassocordone (22ª giornata), Mutignano-Lauretum (13ª giornata), Mutignano-Morro d'Oro (20ª giornata), Pianella 2012-Lauretum (23ª giornata), San Giovanni Teatino-Villa 2015 (10ª giornata), Atessa-Francavilla (11ª giornata), Atessa-San Vito 83 (14ª giornata), Miglianico-Casolana (15ª giornata), Bucchianico-Sporting Altino (23ª giornata), Pucetta-Fucense Trasacco (Coppa Italia), Villa 2015-Turris Calcio Val Pescara (Coppa Italia)

SEBASTIANO DI FLORIO di Lanciano

Una terna tutta frentana. Ad assistere Di Florio ci sono infatti altri due lancianesi: Ottavio Colanzi e Giorgia Orecchioni

Undici gare dirette: Real C. Guardia Vomano-San Gregorio (9ª giornata), Rosetana-Città di Teramo (6ª giornata), Città di Teramo-Penne (19ª giornata), Pianella 2012-Morro d'Oro (30ª giornata), Pianella 2012-Elicese (play out), Bacigalupo Vasto Marina-Francavilla (2ª giornata), Val di Sangro-San Giovanni Teatino (3ª giornata), Nicola Galante Casalbordino-Atessa (18ª giornata), Bacigalupo Vasto Marina-Nicola Galante Casalbordino (22ª giornata), San Salvo-Casolana (24ª giornata), San Vito 83-Val di Sangro (Coppa Italia)

ANTONIO DIELLA di Vasto

Ai lati del vastese Diella i due assistenti, entrambi della sezione di Lanciano: Francesco Mascitelli e Ottavio Colanzi

Undici gare dirette: San Benedetto Venere-Celano (16ª giornata), San Benedetto Venere-Hatria (25ª giornata), Rosetana-Casoli 1966 (2ª giornata),

Città di Teramo-Turris Calcio Val Pescara (11ª giornata), Elicese-Casoli 1966 (16ª giornata), Favale 1980-Penne (play off), Piano della Lente-Elicese (play out), San Salvo-San Vito 83 (6ª giornata), Sporting Altino-San Giovanni Teatino (19ª giornata), Bucchianico-Scafapassocordone (Coppa Italia), Fontanelle-Francavilla (Coppa Italia)

ALESSANDRO DI STEFANO di Teramo

Con il teramano Di Stefano, a colloquio con i capitani, i due assistenti di Pescara: Nicola De Ortentiis Amedeo Di Nardo Di Maio

Dieci gare dirette: Pucetta-Pizzoli (6ª giornata), Lauretum-Pianella 2012 (8ª giornata), San Giovanni Teatino-San Salvo (1ª giornata), Villa 2015-Atessa (4ª giornata), San Giovanni Teatino-Virtus Cupello (8ª giornata), Val di Sangro-Atessa (10ª giornata), Casolana-San Salvo (11ª giornata), Villa 2015-Miglianico (13ª giornata), Elicese-Villa 2015 (Coppa Italia), San Gregorio-Pizzoli (Coppa Italia)

ALESSIO PAOLINI di Chieti

Paolini in campo accompagnato dagli assistenti Annalisa Giampietro di Pescara e Michelangelo Longo di Chieti

Dieci gare dirette: San Gregorio-Hatria (13ª giornata), San Gregorio-Tagliacozzo (16ª giornata), Amiternina-Luco Calcio (24ª giornata), Montorio

191

88-Pizzoli (25ª giornata), Fontanelle-Casoli 1966 (21ª giornata), Pianella 2012-Favale 1980 (25ª giornata), Elicese-Mutignano (26ª giornata), Francavilla-Miglianico (20ª giornata), Atessa-San Salvo (21ª giornata), Casolana-Bacigalupo Vasto Marina (23ª giornata)

PIERLUDOVICO ARNESE di Teramo

Antonella La Torre di Chieti e Ottavio Colanzi di Lanciano, assistenti del direttore di gara teramano

Otto gare dirette: Pizzoli-San Gregorio (5ª giornata), San Benedetto Venere-San Gregorio (23ª giornata), Celano-Tornimparte 2002 (26ª giornata), Pizzoli-Scafapassocordone (play out), Nicola Galante Casalbordino-San Vito 83 (16ª giornata), San Salvo-Virtus Cupello (20ª giornata), Val di Sangro-San Giovanni Teatino (play out), Montorio 88-Favale 1980 (Coppa Italia)

PIERLUIGI DE LUCA di Pescara

Otto gare dirette: Real C. Guardia Vomano-Tagliacozzo (14ª giornata), Hatria-Amiternina (16ª giornata), New Club Villa Mattoni-Casoli 1966 (13ª giornata), Mutignano-Fontanelle (16ª giornata), Casoli 1966-Favale 1980 (20ª giornata), New Club Villa Mattoni-Mutignano (23ª giornata), Casoli 1966-Mosciano (26ª giornata), Favale 1980-Piano della Lente (28ª giornata)

ENNIO TORRICELLA di Vasto

Pre-partita per il "fischietto" vastese, affiancato dal concittadino
Andrea Marrollo e da Gianmarco Di Filippo, della sezione di Teramo

Otto gare dirette: Hatria-Tagliacozzo (18ª giornata), Pianella 2012-
Mutignano (19ª giornata), Piano della Lente-Rosetana (25ª giornata),
Fontanelle-Mosciano (28ª giornata), Atessa-Casolana (19ª giornata), Sporting
Altino-Francavilla (21ª giornata), Villa 2015-San Giovanni Teatino (23ª
giornata), Val di Sangro-Casolana (26ª giornata)

FABIO CICCONI di Teramo

L'ingresso in
campo della terna
tutta teramana, con
Cicconi assistito da
Francesco Di
Marte e Gianmarco
Di Filippo

Otto gare dirette: Pizzoli-Pucetta (19ª giornata), Fucense Trasacco-
Tagliacozzo (20ª giornata), Luco Calcio-San Gregorio (21ª giornata), Pianella
2012-Turris Calcio Val Pescara (27ª giornata), Villa 2015-Bucchianico (18ª
giornata), Miglianico-Sporting Altino (22ª giornata), Nicola Galante
Casalbordino-Val di Sangro (25ª giornata), Francavilla-Virtus Cupello (Coppa
Italia)

MARCO AMATANGELO di Sulmona

L'arbitro ovidiano
affiancato da
Roberto Di Risio
di Lanciano
e Steven Terrenzi
di Pescara

Sette gare dirette: Fucense Trasacco-San Benedetto Venere (1ª giornata), Tornimparte 2002-Hatria (9ª giornata), Tagliacozzo-San Benedetto Venere (15ª giornata), Real C. Guardia Vomano-San Benedetto Venere (21ª giornata), Turris Calcio Val Pescara-Rosetana (5ª giornata), Turris Calcio Val Pescara-Mutignano (17ª giornata), San Giovanni Teatino-Bacigalupo Vasto Marina (26ª giornata)

MANUEL FRANCHI di Teramo

Altro direttore
di gara teramano,
assistito per
l'occasione da
Federico Cocco
di Lanciano
e Matteo Nunziata
di Sulmona

Sette gare dirette: San Gregorio-San Benedetto Venere (10ª giornata), Luco Calcio-Tagliacozzo (13ª giornata), Tornimparte 2002-San Benedetto Venere (19ª giornata), Rosetana-Mosciano (24ª giornata), New Club Villa Mattoni-Favale 1980 (29ª giornata), Francavilla-Val di Sangro (5ª giornata), Casoli 1966-Fontanelle (Coppa Italia)

LUCA DI MONTEODORISIO di Vasto

**Ai lati del "fischietto" vastese,
Nicola De Ortentiis di Pescara e Niko Ricci di Chieti**

Cinque gare dirette: San Benedetto Venere-Celano (spareggio promozione), Città di Teramo-Favale 1980 (9ª giornata), Elicese-Città di Teramo (20ª giornata), Sporting Altino-San Salvo (5ª giornata), Piano della Lente-Tornimparte 2002 (play out regionali)

PATRIZIO NOVELLI di Vasto

Cinque gare dirette: Elicese-Piano della Lente (24ª giornata), Virtus Cupello-Casolana (5ª giornata), Sporting Altino-Val di Sangro (7ª giornata), Casolana-Francavilla (14ª giornata), San Giovanni Teatino-Francavilla (Coppa Italia)

VINCENZO SCARAMELLA di Teramo

Terna pronta ad entrare in campo: accanto a Scaramella i suoi due assistenti di Pescara: Nicola De Ortentiis ed Elisabetta Antonucci

Quattro gare dirette: San Gregorio-Celano (4ª giornata), Fontanelle-Mutignano (1ª giornata), Casoli 1966-Lauretum (3ª giornata), Bucchianico-San Giovanni Teatino (2ª giornata)

LEONARDO DI EGIDIO di Teramo

Quattro gare dirette: Francavilla-San Giovanni Teatino (17ª giornata), Casolana-Bucchianico (22ª giornata), Bacigalupo Vasto Marina-San Salvo (25ª giornata), New Club Villa Mattoni-Montorio 88 (Coppa Italia)

ANDREA TIERI di PESCARA

Tre gare dirette: Tornimparte 2002-Tagliacozzo (25ª giornata), Mosciano-Piano della Lente (19ª giornata), Virtus Cupello-Val di Sangro (9ª giornata)

MAURO POMANTE di Pescara

Tre gare dirette: New Club Villa Mattoni-Fontanelle (15ª giornata), Bucchianico-Virtus Cupello (14ª giornata), Mutignano-Fontanelle (Coppa Italia)

FRANCESCO D'ALOISIO di Chieti

Due gare dirette: Penne-Casoli 1966 (15ª giornata), Morro d'Oro-Casoli 1966 (25ª giornata)

MATTIA MATTUCCI di Teramo

Due gare dirette: Penne-Pianella 2012 (20ª giornata), San Giovanni Teatino-Atessa (22ª giornata)

DARIO BERNONI di Pescara

Due gare dirette: Amiternina-Fucense Trasacco (18ª giornata), Rosetana-Piano della Lente (10ª giornata)

STEFANO MARGARITO di Pescara

L'arbitro pescarese al centro del campo con accanto i due assistenti: Andrea D'Adamo e Grazia Pia Di Martino, entrambi di Vasto

Due gare dirette: Casoli 1966-New Club Villa Mattoni (28ª giornata), Nicola Galante Casalbordino-Bucchianico (20ª giornata)

CHRISTIAN D'ALESSANDRO di Vasto

Altra terna interamente vastese, con Emanuele Verardi e Federico Torricella ad assistere il direttore di gara Christian D'Alessandro

Due gare dirette: Nicola Galante Casalbordino-Miglianico (Coppa Italia), Atessa-Virtus Cupello (Coppa Italia)

DAVIDE FUSCO di Pescara

Due gare dirette: Hatria-Real C. Guardia Vomano (24ª giornata), Fontanelle-San Benedetto Venere (Coppa Italia)

MARIO CIPRIANI di Avezzano

Una gara diretta: Città di Teramo-Casoli 1966 (23ª giornata)

NICCOLÒ SANSONE di Avezzano

Una gara diretta: Mutignano-Casoli 1966 (29ª giornata)

FLAMINIA DI GREGORIO di Sulmona

Una gara diretta: Casoli 1966-Penne (30ª giornata)

ANTONIO CALÒ di Chieti

L'ingresso in campo del teatino Calò e con lui i due assistenti della sezione di Pescara: Marco Gravina e Bryan Perfetti

Una gara diretta: Lauretum-Elicese (30ª giornata)

FEDERICO TORRICELLA di Vasto

Le ultime raccomandazioni di Torricella ai suoi due assistenti: Pierpaolo Salvati della sezione di Sulmona e Francesco Pizzuto appartenente alla sezione di Vasto

Una gara diretta: Sporting Altino-San Vito 83 (24ª giornata)

DAVIDE DI MARCO dell'Aquila

Una gara diretta: Bucchianico-San Vito 83 (25ª giornata)

COSMIN FILIPPO DUMEA di Sulmona
Una gara diretta: Penne-Turris Calcio Val Pescara (Coppa Italia)

ASSISTENTI ARBITRALI

SEZIONE di AVEZZANO

Guido Alonzi, Diego Carnevale, Matteo Corradi, Gjuliano Dodani

SEZIONE di CHIETI

Fabrizio Aspite, Giulio Basile, Antonella La Torre, Michelangelo Longo, Mirco Monaco, Federico Odoardi, Niko Ricci

SEZIONE di LANCIANO

Antonio Bruno, Federico Cocco, Ottavio Colanzi, Roberto Di Risio, Cristian Di Tondo, Mara Mainella, Francesco Mascitelli, Giorgia Orecchioni, Francesco Giuseppe Saltarella, Valentino Stampone

SEZIONE dell'AQUILA

Mohamed Rasoul Abdulzahra, Alessio Aloisi, Pavel Babicenco, Angelo Ciocca, Gianmarco Cocciolone, Claudio Habazaj, Matteo Leli

In alto da sinistra: Guido Alonzi (Avezzano), Alessio Aloisi (L'Aquila), Diana Di Meo (Pescara) e Mohamed Rasoul Albadzhara (L'Aquila)

SEZIONE di PESCARA

Vincenzo Luca Bruno, Nicola De Ortentiis, Diana Di Meo, Amedeo Di Nardo Di Maio, Giulia Di Rocco, Davide Donatelli, Annalisa Giampietro, Filippo Giancaterino, Marco Gravina, Bryan Perfetto, Steven Terrenzi

SEZIONE di SULMONA

Pierfrancesco Di Giannantonio, Alessio Di Santo, Angelo Leone, Matteo Nunziata, Antonello Pietrangeli, Pierpaolo Salvati

SEZIONE di TERAMO

Federico Amelii, Stefano Brandimarte, Filippo Cerasi, Stefano Coccagna, Gianmarco Di Filippo, Francesco Di Marte, Marina Simonetta Groth, Felice Mazzocchetti

SEZIONE di VASTO

Benedetta Bologna, Alberto Colonna, Davide D'Adamo, Grazia Pia De Martino, Andrea Marrollo, Francesco Pizzuto

In alto da sinistra: Federico Amelii e Stefano Coccagna (Teramo), Pierfrancesco Di Giannantonio (Sulmona) e Grazia Pia De Martino della sezione di Vasto

Printed by Amazon Italia Logistica S.r.l.
Torrazza Piemonte (TO), Italy

50633391R00116